珍藏本

纪念版

汉译世界学术名著丛书

自我的超越性

——一种现象学描述初探

〔法〕让-保尔·萨特 著

杜小真 译

商务印书馆
SINCE 1897 The Commercial Press

2017年·北京

Jean Paul Sartre

LA TRANSCENDANCE DE L'ÉGO

Librairie philosophique J. Vrin, 1988

本书根据法国弗兰出版社 1988 年版译出

汉译世界学术名著丛书
（120 年纪念版·珍藏本）
出 版 说 明

2017 年 2 月 11 日，商务印书馆迎来 120 岁的生日。120 年前，商务印书馆前贤怀揣文化救国的理想，抱持“昌明教育，开启民智”的使命，立足本土，放眼寰宇，以出版为津梁，沟通中西，为中国、为世界提供最富智慧的思想文化成果。无论世事白云苍狗，潮流左右激荡，甚至战火硝烟弥漫，始终践行学术报国之志，无改初心。

迻译世界各国学术名著，即其一端。早在 20 世纪初年便出版《原富》《天演论》等影响至今的代表性著作，1950 年代后更致力于外国哲学和社会科学经典的译介，及至 1980 年代，辑为“汉译世界学术名著丛书”，汇涓为流，蔚为大观。丛书自 1981 年开始出版，历时三十余年，迄今已推出七百种，是我国现代出版史上规模最大、最为重要的学术翻译工程。

丛书所选之书，立场观点不囿于一派，学科领域不限于一门，皆为文明开启以来，各时代、各国家、各民族的思想与文化精粹，代表着人类已经到达过的精神境界。丛书系统译介世界学术经典，引领时代思想，为本土原创学术的发展提供丰富的文化滋养，为推动中国现代学术和现代化进程做出了突出的贡献。

为纪念商务印书馆成立120周年，我们整体推出“汉译世界学术名著丛书”120年纪念版的珍藏本，寄望既利于文化积累，又便于研读查考，同时向长期支持丛书出版的译者、编者和读者致以敬意。

两甲子后的今天，商务印书馆又站在了一个新的历史时间节点上。我们不仅要铭记先辈的身影和足迹，更须让我们的步伐充满新的时代精神。这是商务人代代相传的事业，更是与国家和民族的命运始终紧密相连的事业。我们责无旁贷，必须做好我们这代人的传承与创造，让我们的努力和成果不仅凝聚成民族文化的记忆，还能成为后来人可以接续的事业。唯此，才能不负前贤，无愧来者。

2017年10月

目　录

编　者　序

《自我的超越性》[①]是萨特最早的著作。此前出版的仅有的两部作品严格说来不能算作哲学研究。其一是 1927 年发表的有关狄骥(Duguit)法律现实理论的文章,另一篇则是在 1931 年发表在《公牛》杂志上的《真理的传说》[②],萨特在这篇文章中以寓言的形式表达自己的思想。

萨特以这部著作开始了通向《存在与虚无》的探索。此外,萨特的生平纪事也可肯定它与萨特当时的哲学关注是一致的。可以说,萨特那时的所有著述,如果不是同时的,至少也是同时构思的。《自我的超越性》写于 1934 年,其中一部分是萨特在柏林为研究胡塞尔现象学而写的。1935 年间,他还写了《想象》和《想象物》(分别在 1936 年和 1940 年发表),后来在 1937 年和 1938 年间完成 1934 年就构思的《心理》。后来他又从《心理》分离出另一部著作《情绪现象学理论初探》,于 1939 年发表。最后要提到随后在 1943 年发表的《存在与虚无》。他在《存在与虚无》中坚持《自我

① 1936 年在《哲学研究》上发表,从未再版过。

② 参见《年华的力量》,伽利玛出版社,1960 年,第 49 页。

的超越性》的结论[1]，又完善、深化了它所欠缺的对唯我主义的批判。

对这部年轻时代的作品，萨特只在一点上有所否定，而这一点在作品中几乎没有展开：即触及精神分析的内容。他对过去的观念进行彻底清算——即否定精神分析的无意识和理解的观念，并不再坚持过去对这个领域的偏见。

但是，意识结构理论本身，以及作为超越心理对象的自我的根本观念始终没有变。

西蒙娜·德·波伏瓦对此有过明确的评论，尽管略嫌简短，这里不妨提上一句。她说："《自我的超越性》用胡塞尔的观点——而又对立于胡塞尔后来理论——描述了'我'与意识的关系。在意识与心理之间，萨特坚持了他一直坚持的区分。当意识是直接的和对自我的明确在场时，心理就是对象的总体，这些对象只有通过反思活动才能被把握，它们就像知觉的对象那样只凭借侧面(profils)表现：比如仇恨是超越物；人们就通过体验(Erlebniss)领会，其存在是或然的。我的'自我'本身是一种世界的存在，他人的'自我'也完全一样。因此，萨特建立了他的最古老、也最执着的信仰：存在一种非反思意识的自主性。拉罗什福科和法国心理学传统所说的自我的关系会败坏我们最自发的运动，它只在某些特别的境况中出现。对萨特更为重要的是：这种为他人并以同样的对象方式使为'我'存在的心理、自我脱离唯我主义。消除唯我主义，就能够避免唯心主义，萨特在结构中坚持他论证的实践贡献(道德

① 参见《存在与虚无》，第147页和第209页。

和政治上）。”

大多数哲学家认为“自我”是意识的“居士”。还有一些哲学家把“自我”在“存在”内部的形式在场确认为统一的空洞原则。另一些——多为心理学家——则想在我们心理生活的每一时刻把“自我”的物质在场发现为欲望和行为的中心。在此，我要指出“自我”既不是形式地、也非物质地存在于意识之中：它在世界中，是外在的；它是世界的一种存在，就像他人的“自我”一样。

一、“我”(Je)和“我”(Moi)

A)“我”(Je)的形式在场的理论

“我思应能伴随我们的所有表象”,[1]这句话是康德说的。是否应该因此得出结论说:“我”(Je)实际上寓居于我们意识的一切状态之中,并且对我们的经验进行真正的高层次的综合?这似乎有些强求康德的思想。批判的问题是权利的问题。康德没有肯定有关“我思”的事实存在的任何东西。相反,他似乎完全看到意识在某些时刻是无“我”的,因此他说:“应该能够伴随。”事实上,问题是要规定经验的可能性的各种条件。这些条件就是:我总能够把我的感知或思想看作我自己的:就是这样。但现代哲学中存在着一种危险倾向——人们在新康德主义、经验批判主义和布罗沙尔(Brochard)式的理智主义之中找到它的踪迹——这种倾向旨在实现用批判[2]规定的可能性的条件。这导致某些作者会去探询什么可能成为“先验意识”。若用这些术语提问题,人们自然不能不设想这种作为无意识的意识——构成我们经验意识的意识。但是,布特鲁(Boutroux)在他教授康德哲学[3]时业已证明这些解释是正确的。康德从未关注过经验意识实际构成的方式。他全然没有以新柏拉图式的过程、高层次的意识、构成的超意识的方式还原经验意识。先验意识对他来说，只是一种经验意识存在的必要条件的总体。这样，实现先验的我，使之成为与我们的诸多“意识”[①]中的每一个都密不可分的同伴，就是以事实而不是以权利来进行判断，就是立于与康德完全不同的视点。然而，如果同意康德有关经验的必然统一的观点，那就会和那些把前经验意识变成为先验意识的哲学家们犯同样的错误。

如果人们因此把权利的问题和康德联系起来，那“事实”的问题就不那么尖锐。在此可以明确提出这个问题：“我思”应该能够伴随我们的所有表象，但实际上它真的伴随了吗？另外，假定某种表象 A 从“我思”在其中并不伴随它的状态过渡到“我思”在其中伴随它的状态，那对表象而言，随之而来的是结构的改变，还是从根本上讲仍然保持的不变？第二个问题会引出第三个问题：“我思”应能伴随我们的一切表象，但是，是否就应该期待我们的种种表象直接或间接地被“我思”实现——或者，人们是否明白：一种意识的种种表象应该被统一和环接起来，以使察看的“我思”对这些表象总是可能的？这第三个问题似乎是在权利的范围内提出的，并且在这个领域中抛弃了康德的正统观念。但是，事实上关键在于一个能够这样提出的事实的问题：我们在我们的意识中将要遇到的“我”(Je)，它是由于我们诸多表象的综合统一成为可能、还是

① 我在此以“意识”这个词翻译德文“Bewusstsein”。它同时意味着整体意识，单子以及这种意识的每一环节。“意识状态”在我看来是不准确的，因为这个词把被动性带入意识之中。——萨特(本书凡脚注皆萨特原注。编者注在译文之后。——译者)

由于有它而使各种表象在事实上统一起来？

如果我们抛弃后康德主义者从“我思”出发提供的多少有些勉强的一切解释，并且要解决“我”(Je)在意识中的事实存在的话，我们就会在我们的路途中与胡塞尔的现象学[4]相遇。想象学是一种科学研究，而不是意识批判[5]。现象学的基本手段就是直观。胡塞尔认为，直观使我们面对物在场[6]，因而必须设定：现象学是事实的科学，它提出的问题是事实①的问题，此外就像人们能够由于胡塞尔名之为描述的科学[7]而理解它。有关“我”与意识的关系的各种问题于是成为了存在的问题。康德的先验意识，胡塞尔通过现象学还原[8]重新找到并把握了它。但是，这种意识不再是一个逻辑条件的总体，而成为一个绝对事实。这也不是权利的实体，不是浮动在实在和理想之间的无意识。当这种真实意识进行“还原”时，就可以进入我们每个人之中。还有，于是这种意识构成了我们的经验意识，它在“世界之中”，与心理和心理物理学同在。在这方面，我很愿意相信一种构成意识的存在。我不放过胡塞尔的每一个精妙的描述[9]，他在其中指出被囚禁在经验意识之中的、构成世界的先验意识。和他一样，我承认：我们的心理的和心理—身体的“我”(moi)是应该经受现象学还原[10]打击的先验对象。但我要提出下面的问题：这心理和心理—身体的我(moi)是否就足够了？是否应该以一个先验的我，绝对意识的结构[11]超越它？人们会看到不同答案的各种后果。如果答案是否定的，其结果就是：

1. 先验领域变成无人称的，或者可以说“先人称的”，它的存在

① 胡塞尔会说：一种本质的科学。但从我们的观点看，两种说法殊途同归。

没有“我”(Je)；

2.“我”(Je)只属于人的范围，只是我(Moi)的一种面貌，主动的面貌[12]。

3.“我思”能够伴随我们的表象，因为它似乎是在“我思”没有致力于创建的统一的基础上出现的，并且正是这事先的统一反而能使我思成为可能。

4.这就很容易让人询问人格(即使是抽象人格)是否是意识必要的伴随，人们是否能够设想绝对无人称[13]的意识。

然而，胡塞尔回答了问题。在观察到“我”(Moi)是意识的综合和超越的产品(在《逻辑研究》中)[14]之后，他在《观念》[15]中又回到了先验的“我”(Je)的传统观点，根据这种观点，先验的“我”在每种意识的后面，是这些意识的必要结构，它的光线会落到每个在关注的领域中出场的现象上面。这样，先验的意识严格地变成为人格的。这种观念是否必要？它是否与胡塞尔对意识的定义相容？

人们通常认为一个先验的“我”(Je)是通过意识的统一和个体性的需要而得到证明的。这是因为我的一切感知和思想都与这个永恒的家园相关，而我的意识和这个家园是紧密结合的。这是因为我能够说我的意识，皮埃尔和保罗也能够谈及他们的意识，这些意识各自有别。“我”(Je)是内在性的制造者。然而，可以肯定：现象学并不需要求助于这个进行统一和个体化的“我”。的确，意识是被意向性[16]所规定。通过意向性，意识自我超越，并且在自我逃避[17]中统一自己。通过数千种活跃意识的统一，我曾经、现在、将要把二与二相加以得到四，这是 2＋2＝4 的先验对象。若没有这永恒真理的恒常，就不可能设想一个真实的统一，还存在着与意识运作次数相当的不可还原的运作。可能，相信 2+2=4 就是我的表象内容的人被迫求助于统一化过程的先验而主观的原则，这个原则就是“我”(Je)。但是胡塞尔恰恰不需要这个原则。对于把握对象的意识而言，对象是超越的，而且二者的统一是在对象中实现的。但人们会说，在绵延中，必须有一个统一的原则以使意识连续的流能够把超越的对象置于自身之外。诸种意识应该成为各种过去意识和现在意识的持续不断的综合。这是对的。但是，胡塞尔在《时间的内在意识》中研究过诸意识的主体统一，他从未求助于“我”(Je)的综合权力，这个例子很典型。是意识自己把自己统一起来，具体地说，是通过“互相颠倒”的意向性的游戏实现的，而这些意向性是那些过去的意识具体、真实的持存。于是，意识持续不断地回归自身，谁说“一种意识”，谁就是在说整个意识，而这特殊的特性属于意识本身，不管此外它与“我”[18]的关系如何。胡塞尔似乎在《笛卡尔的沉思》中完全保留了这个在时间中进行统一[19]的意识观念。另一方面，意识的个体性显然来自意识的本性。意识只能被自身所限制(就像斯宾诺莎的实体)[20]。意识因此构成了一个综合的、个体的整体，这个整体完全孤立于同一类型的其他整体，并且这个“我”显然只能成为对这种不可沟通性和内在性的一种表达。我们因此可以毫不犹豫地回答说：意识的现象学观念使得“我”(Je)的统一和个体化的作用毫无用处。相反，意识使得我的“我”(Je)的统一和个性成为可能。先验的“我”因此没有存在的理由。

但是，此外，这个浮面的“我”是有害的。如果它存在，它会让意识脱离自身，它会分离意识，像一个不透明的刀片切入每一个意识之中。先验的“我”,就是意识的死亡。的确,意识的实存是一种绝对,因为意识是对意识自身的意识。这就是说,意识的实存类型就是成为自我意识[21]。当意识成为一个超越对象的意识时,它就意识到自我[22]。在意识中,一切都是清楚明白的:对象带着其特有的不透明性面对意识。而意识,它纯粹是作为对象意识的意识,这就是它存在的规律。应该补充说,这意识的意识——脱离了我们刚才坚持的被反思的意识的情况——不是位置性的,就是说意识不是它自身的对象[23]。意识的对象从本质上讲外在于意识,因此意识通过同样的活动提出对象,并把握对象。意识自身只是作为绝对内在性来认识的。我们要这样称呼这一种意识:第一等级的意识,或未被反思的意识。我们要问:在这样的意识中是否有“我”的位置?答案很明确:显然没有。的确,这个“我”(Je)既不是对象(因为根据假设,它是内在的),也不是意识,因为它是为意识的某物,而不是意识的半透明的性质,不过可以说它是一个居者。的确,“我”(Je)因其人格性而如此形式化、抽象化,以致人们把它设定为不透明性的中心。“我”属于具体的和心理－身体的“我”(moi),它立足于三维:它是一个无限结合的“我”(Moi)。如果人们因此把这不透明性引入意识,那就会在此摧毁我们上面提出的如此常见的定义,就会把意识固定化,使之模糊不清,这就不再是一种自发性,而成为自身中的不透明性的萌芽。但是,此外,人们不得不放弃这个把意识变成非实体的绝对的原始而又深刻的观点。说纯意识是一种绝对,仅仅因为它是对自身的意识。就“存在”和“显现”在意识中合二而一[24]的意义上讲,意识始终是一种“现象”。意识是轻的,是半透明的。因此,胡塞尔的我思和笛卡尔

的我思是那样的不同。但是，如果“我”(Je)是意识的必要结构，那不透明的“我”就同时会被提升到绝对之列。我们于是面对一种单子。不幸的是，这成为胡塞尔新思想的方向(见《笛卡尔的沉思》[25])。意识变得沉重，失去了用非存在的力量把自己变成绝对存在物的性质。意识成为沉重的，有质量的。如果“我”不以与世界同样的名义成为相关的存在者，即**为**意识[26]的对象，那一切现象学成果都会付之东流。

B)我思——作为反思意识的我思

康德的“我思”是一种可能性的条件。笛卡尔和胡塞尔的“我思”是对事实的察看。人们曾经谈到过“我思”的“事实的必要性”，而我认为这个说法很正确。然而，“我思”不可避免地是有人称的。在“我思”中，有一个“我”(Je)在思。我们在此达到的“我”是极其纯粹的，一种“自我学”就是从“我思”出发的。能够作为起点的事实就是：每当我们或凭借直接直观、或通过记忆的直观把握我们的思想时，我们就抓住了一个“我”(Je)，这个“我”是被把握的思想的“我”，而又表现为超越这种思想和其他所有思想的“我”。比如，如果我要回忆昨天在火车上感知的风景，我就可能原原本本地让对这风景的记忆回来，但我也能回忆起我看见过的风景。这就是胡塞尔在《时间的内在意识》中称之为**在回忆中反思**的可能性[27]。换句话说，我总是能够以个体的方式进行任意一种回忆活动，而“我”随即出现。这就是肯定康德的权利的事实的保证。这样，在我的诸多意识中，似乎不存在我不把握为“我”之目的的意识。

但是，应该注意：所有描述过“我思”的作者都认为“我思”是一种反思的运作，就是说是第二等级的活动。这种“我思”是通过一种向着意识的意识进行的，这种意识把意识视作对象。我们都认为，“我思”的信念是绝对的，因为正如胡塞尔所说[28]，反思的意识和被反思的意识之间存在着难以分解的统一(以致反思的意识若没有被反思的意识就不能存在)。而我们因此不乏机会面对这两种意识的综合：其一就是对他者的意识。这样，现象学的“任何意识都是对某物的意识”的基本原则得到了保护。然而，当我实现“我思”是，我的反思意识本身并没有被视为对象。我的反思意识所肯定的东西包括被反思的意识。因为我的反思意识是对自身的意识，它就是非位置性的意识。我的反思意识只有针对被反思的意识才变成位置性的，被反思的意识本身在成为被反思之前并不是位置性的意识。这样被称作“我思”的意识恰恰不是思想的意识。或不如说意识通过正题行为提出的并不是它自己的思想。我们于是不得不问自己：思想着的“我”(Je)是否与这两种相互重叠的意识相同，或是否更应有被反思意识的“我”？任何反思的意识实际上在自身中都是未被反思的，要提出它必须有一个新的行为和第三个等级。另外，在此不存在对无限的回归，因为一个意识全然不需要反思的意识以意识到自身。只不过它并不对自身表现为对象[29]。

但是，难道不正是反思的活动使得“我”(Moi)在被反思的意识中诞生？因此，人们解释说，任何被直观把握的思想都拥有一个“我”(Je)，不会陷入我们在前面指出的困难之中。胡塞尔[30]是第一个承认一种未被反思的思想在变为被反思的过程中必须经历彻底变化的人。但是,是否应该把这种改变局限于一种“天真”的失败?最重要的变化难道不是“我”的显现吗?显然应该求助于具体的经验,而这种经验看起来可能是不可能的,因为,按照定义,这种类型的经验是反思的,就是说,拥有一个“我”(Je)。但是,任何未被反思的意识因为是对自身的非正题意识,都留下了人们能提出问题的[31]非正题的意识。为此,只需努力重新构建这种未被反思的意识(根据定义,就是永远可能的东西)在其中出现的完整时刻。比如,刚才我埋头读书,我要努力回忆我阅读的环境,我的姿势,我读的书页。因此,我要重新唤起的不仅仅是这些外部细节,而是某种厚重而又未被反思的意识,因为各种对象只有通过这种意识才能被感知,因为这些对象始终与意识相关。这种意识,不应把它设定为我的反思的对象,而是相反。我应该把我的注意力集中在重新引出的对象上面,但在与之保持某种同谋关系、并且以非位置性的方式清点意识内容的过程中,不让这种意识从我的视线中消失。结果不容怀疑:当我阅读时,有对书的,对小说主人公们的意识,“我”(Je)并不寓居于这种意识之中,这种意识是对对象的意识,是对自身的非位置性意识。我现在可以把这些非正题的把握变成一个论题的对象,并且可以宣布:在未被反思的意识中,没有“我”(Je)。不应该把这种活动看成为人为的,也不应把它设定为因果的需要:显而易见,多亏了这种活动,铁钦纳[32]得以在他的《心理学文选》中说:在“我”(Moi)的意识中,经常没有“我”(Je)。此外,铁钦纳没有走得太远,他并不希望在没有“我”(Moi)的情况下排列意识的诸多状态。

无疑,有人会反驳我说:这种活动,这种通过另一种意识对意识的非反思把握，显然只能通过回忆进行，而且这种把握对于与反思行为不和谐的绝对信念并无补益。我们因此一方面面对被反思意识中的“我”(Je)在场；另一方面则面对一种可疑的回忆在场，这种回忆使人相信“我”(Je)对未被反思的意识来讲是不在场的。我们似乎没有权利把后者与前者对立起来。但我请求注意，对未被反思的意识的回忆并不对立于反思意识的各种已定物。没有人想要否定“我”(Je)是在一被反思的意识中出现的。问题只是要把对我的阅读(我读)的反思的回忆——它的性质也很可疑——与非反思的回忆对立起来。的确，在场的反思的权利并不延伸到现在被把握的意识之外。而我们不得不求助于反思的回忆是为了恢复已流逝的意识，除了由于回忆性质而引起的可疑特性外，反思的回忆也始终令人怀疑，因为根据胡塞尔本人的证明，反思改变着自发的意识。既然所有未被反思的意识的非反思回忆向我指出了“无我”的意识。既然，另一方面，立足于意识的本质直观的理论观点迫使我们承认“我”(Je)不能成为“体验”(Erlebnissen)的内在结构的一部分，那我们就应该得出这样的结论：在未被反思的水平上并不存在“我”(Je)。当我奔跑着追赶电车时，当我看表时，当我面对一幅肖像陷入沉思时，都没有“我”(Je)存在，有的只是对我要追赶的电车的意识等等，以及对意识的非位置性的意识。的确，我投身于对象的世界，正是这些对象构成了我的意识的统一，同时表现出各种价值、各种吸引和排斥的品质。但是我，我消失了，我被抹消了。在这个层次上没有“我”(Moi)的位置。这并不是出于偶然，出于一时的疏忽，而是由意识的结构本身决定的。

以上就是对“我思”的描述让我们更深切感觉到的东西。实际上，人们是否可以说，反思行为在同一等级并以同样方式把握住了“我”(Je)和思想着的意识？胡塞尔坚持这样一个事实：对反思行为的确信是因为人们在反思行为中抓住了没有变化、没有侧面(sans“Abschattungen”)[33]的完整的意识。这是不言自明的。相反，时一空的对象总是通过无限的面貌表现，最终只有这种无限性的理想统一。至于意向作用(signification)，永恒的真理，它们都由于在显现为独立于时间时表现出来的样子而肯定了自己的超越性，相反把握它们的意识在绵延中严格地被个体化了。不过，我们要问：当一种反思的意识把握“我思”时，它是否致力于把握被聚集在具体绵延的一个真实时刻中的具体而完满的意识？答案很清楚：“我”(Je)并不表现为一个具体时刻[34]，我的现时意识的一种行将消亡的结构。相反，它肯定自己超越这种意识和所有意识的恒常性——尽管，它肯定不类似于一种数学真理——它的存在方式更相近于永恒真理的、而不是意识的方式。很明显，笛卡尔是为了相信“我”和“思”是在同一水平上而从“我思”过渡到思想实体的观念。刚才我们已经看到，胡塞尔——尽管比较微妙——归根结底还是受到同样的指责。我可以说，笛卡尔承认“我”(Je)具有特殊的超越性，这种超越性不是对象的超越性，人们可称之为上面的(par en-dessus)超越性。但以什么样的权利呢？如果不是通过与现象学毫无关系的形而上学或批判的关注，如何解释对“我”(Je)的这种优待呢？让我们更彻底并且毫无担忧地肯定任何超越性都会落入“悬搁”[35]，这可能使我们避免写出像《观念》第61节那样的窘迫的段落。既然“我”(Je)把自身确定为“我思”中的超越物，那它的性质与先验意识完全不同。

此外,我们要注意,“我”对于反思并不显现为被反思的意识:“我”是通过被反思的意识表现出来的。诚然,“我”是被直观把握并且成为自明性的对象。但是,我们知道胡塞尔在区别不同的自明性[36]的过程中所做的哲学研究。那么,这只能更加肯定“我思”的“我”不是自明性的对象,自明性既不是必然的,也不是完整的。之所以不是必然的,是因为在说“我”的时候,我们肯定的多于我们所知道的。之所以不是完整的,那是因为“我”表现为应该发展自身内容的不透明的实在。的确,自明性表面看来是意识的源泉,但这同样应该引起我们的反思:的确,自明性因此像一块水底的石子在意识中显得模糊不清,难以分辨——它也因此立即具有欺骗性,因为我们知道:除了意识之外,没有任何东西能成为意识的源泉。此外,如果“我”是意识的一部分,那就会有两个“我”:反思意识的“我”和被反思意识的“我”。胡塞尔的弟子芬克[37]还认识到第三个“我”,即被“悬搁”解放的先验意识。由此产生三个“我”的问题,芬克曾谨慎地提到这个问题的困难。我认为这个问题干脆就是难以解决的,因为如果三个“我”都是意识的真实成分,那反思的“我”和被反思的“我”之间确立的交流是不被允许的,特别是三者要最终同一为独一的“我”也是不被允许的。

综上所述,似乎可以归纳如下:

1.“我”(Je)是一个存在者。这个存在者的存在类型是具体的,无疑“我”的存在类型与数学、意义或时一空的存在类型迥然相异,但这种存在类型却是真实的。它表现为超越物。

2.“我”投身特殊种类的直观之中,直观总是以不均等的方式在被反思的意识后面把握“我”。

3."我"若没有反思行为发生,就永远不会显现出来。在那种情况下,意识的复杂结构如下:有一种没有"我"的反思的未被反思的行为,而这个"我"向着一种未被反思的意识。未被反思的意识变成为反思意识的对象,然而却不停止肯定它自己的对象(一把椅子,一个数学的真理,等等)。同时,一个新的对象出现,这是肯定反思意识的机会,而且它因此既不与未被反思的意识在同一水平之上(因为未被反思的意识是不需要反思意识以求存在的绝对),也不与未被反思的对象(椅子等)在同一水平上。

4.超越的"我"应该受制于现象学还原。"我思"肯定的太多。伪"我思"的确实内容并不是"我意识到这把椅子",而是"有对这把椅子的意识"。这样的内容对构建现象学研究的无限而又绝对的领域是足够的了。

C)"我"(Moi)的物质在场的理论

对于康德和胡塞尔,"我"(Je)是意识的形式结构。我曾经试图指出:一个"我"永远不会是纯粹形式的,"我"(Je)总是——即使是抽象设定的——物质的"我"(Moi)的无限收缩(contraction)。但是,在进一步探讨之前,我们必须脱离一种纯心理学理论,因为这种理论为了心理学的各种理由,肯定了"我"(Moi)在我们所有意识中的物质在场。这是"自爱"(l'amour-propre)道德学家们的理论。在他们看来,对自我的爱——也就是"我"(Moi)——应该消失在千形百状的情感之中。"我"(Moi)以非常普遍的方式根据这对己之爱为自身欲求自己所欲求的一切对象。我们每一个行为的基本结构都是对“我”(Moi)的召唤。“对‘我’(Moi)的回归”对每一个意识都具有建设性的意义。

反对这种论点，认为“对我的回归”完全不对意识在场——比如，当我口渴时，当我看见一只水杯时，当水杯对我显示为可欲求时——这并不意味着反对这种回归：意识愿意让我们与之相联。拉罗什福科是最早使用无意识而又没有为之命名的人之一。他认为：自爱以最多样的形式隐藏着。在把握它之前必须发现它[38]。随后，人们以更普遍的方式承认。如果“我”(Moi)没有对意识在场，那它就隐藏在意识后面我们的一切表象和欲望的吸力极。“我”(Moi)于是努力要得到对象以满足自己的欲望。换言之，欲望表现为目的和作为方法的欲望对象。

不过，这个论点的意义在我们看来突出了心理学家们常犯的错误：这个错误就在于把反思行为的基本结构与未被反思行为的结构混为一谈。人们不知道对意识来讲，总是具有两种可能的存在形式，而每当被观察的各种意识表现为未被反思的[39]，人们就给它们加上了一种反思的结构并且僵化地声称这种结构始终是无意识的。

我可怜皮埃尔，我要救他。对我的意识来讲，在这个时刻只存在一件事：皮埃尔－应该－得到－救助。在皮埃尔身上存在着“应该－得到－救助”这种性质。这种性质像一种力量作用于我。亚里士多德曾经说过：可欲物使欲望者激动。在这个层次上，欲望[40]被赋予离心的意识(它自我超越，是对“应该被……”的正题意识和对自身的非正题意识)和非人格的意识[没有“我”(Moi)：我面对皮埃尔的痛苦就像面对这只墨水瓶的颜色一样。有一个完成了的或要完成的物与行为的对象世界，而各种行为和各种性质一样在欲求它们的各种事物上面自我实现]。不过，在那些自爱的理论学家们看来，欲望的这第一个环节——假定它没有完全脱离这些理论家们——并不是完整和自主的环节。他们在这个环节的后面设想了一种始终昏暗不明的状态：比如，为了中止皮埃尔痛苦而又令人不快的状态，我去救助皮埃尔。但是不能如此认识这令人不快的状态，人们只能跟随一个反思行为之后去消除这种状态。的确，未被反思范围内的不快状态，也与怜悯的未被反思的意识同样的方式自我超越。这就是对一个对象的令人不快的性质的直观把握。而就这个环节能够由一个欲望伴随而言，它欲求的不是自己消除自己，而是要消除令人不快的对象[41]。在对怜悯的未被反思的意识后面安置一种令人不快的状态是毫无用处的。人们会把这种状态看作为怜悯行为的深层原因：如果对令人不快的意识不回归于自身以凭借自我把自己确定为令人不快的状态，我们就会不确定地停留在无人称和非反思之中。于是，自爱的理论家们甚至在不了解这些的情况下就设定被反思物在无意识中是最重要的、原始的和被遮盖的。这里恰恰需要突出这样一种假设的荒谬性。即使无意识存在[42]，人们让谁相信包含被反思形式的自发性呢？被反思的规定难道不是通过一种意识确定的吗？但此外，如何能够承认被反思物对未被反思物是优先的说法呢？无疑，人们能够设定，在某种情况下，一种意识作为被反思物直接显现。但是，即便是未被反思物对被反思物也具有本体优先性，因为它完全不需要成为被反思的以求存在，也因为反思设定了在第二等级上的意识的涉入。

于是,我们可以得出以下结论:未被反思的意识应该被视作自主的[43]。这是全然无需补充的整体,我们还应该承认未被反思的欲望的性质就是在对象上把握可欲物的性质以自我超越。这一切就像我们生活在一个各种对象——除去它们的热、味、形的性质之外——在其中拥有推斥、吸引、诱惑、有用等等性质的世界中,就像这些性质是作用于我们某些行动的力量一样。在反思的情况下,而且只有在这种情况下,作为欲望、担忧等的感性为了自身置身于反思之中,而在这种情况下,我只能想到“我恨皮埃尔”,“我可怜皮埃尔”等等。于是,这就与人们在个人生活所在的范围内,与在无人称生活所在的未被反思的范围内(这自然不是要说任何反思生活都必定是个体主义的,也不是要说任何被反思的生活都必定是利他的)曾经支持过的完全相反。反思“毒化”欲望[44]。在未被反思的范围内,我救助皮埃尔,因为皮埃尔“应该一得到一救助”。即便我的状态突然被改造成为被反思的状态,我也是在人们谈及某人在自说自话的意义上注视着自己的行动。这不再是皮埃尔吸引了我,而是我的可救助的意识向我显现为应该延续的。即使我仅仅想到我应该延续我的行动,因为这是“这是好事”,“好”就是*我的*行为,*我的*怜悯等等的性质。拉罗什福科的心理学重归其位。然而,这种心理学不真实:如果我的反思生活“从本质”毒化我的自发的生活,那不是我的错。另外,反思的生活一般来讲设定着自发的生活。在被“毒化”之前,我的各种欲望都是纯洁的。是我对它们所持的观点把它们毒化了。拉罗什福科的心理学只对特殊的情感才是真实的,这些情感从反思的生活中获取根源,也就是说,它们首先表现为*我的情感*,而不是首先向着一个对象自我超越。

这样，对“世界内部”的意识的纯心理学考察使我们得到与现象学研究同样的结论：“我”（Moi）不应隐藏在这些未被反思的状态的后面。“我”（Moi）只是作为反思意向的对象的相关物[45]与反思行为一起显现的。我们开始看见“我”（Je）和“我”（Moi）合二为一了。我试图指出这个自我（Je 和 Moi 只是自我的两面）构成我们的被反思意识的无限系列的理想（意向对象）而间接的统一。

“我”（Je），就是作为行动统一的自我。“我”（Moi），则是作为状态和性质统一的自我。为避免说我们在同一实在的这两种状态之间确立的区分是语法性的，我们说它只是功能性的。

二、自我的构成

自我并不直接成为被反思意识的统一。这些意识之间存在着一种内在的统一，这是自我构建成为自身统一①的意识之流——也是超越的统一：各种状态，各种行动。自我是——非强制意义上的——性质的状态和行动的统一。自我是各种超越的单位的统一，而且这种统一超越自身。这就像未被反思立场的对象一极那样成为综合统一的超越的极。只不过这个极只在反思的世界中显现。我们将依次考察状态、行动和性质的构成以及作为这些超越的极的“我”(Moi)的显现[46]。

A)作为意识的超越统一的状态

状态向反思的意识显现。状态投身于意识并成为具体直观的对象。如果我恨皮埃尔，那我对皮埃尔的恨就是我能够通过反思把握的一种状态。这种状态面对反思意识的注视在场，它是真实的。是否由此应该得出“它是内在的和肯定的”结论呢？当然不。我们不应该把反思变成为一种神秘和可靠的权力，也不应该相信

---

① 参见 Zeitbewusstsein，passim。

反思所达到的一切是不容置疑的，因为这一切都是通过反思而达到的。反思具有权利和事实的界限。这是提出一种意识的意识。反思在这种意识之上所肯定的一切都是确实和一致的。但是，如果其他对象通过这种意识向它显现。那这些对象就没有任何理由加入到意识的各种特性中去。让我们观察一下恨的反思经验[47]。我看见皮埃尔，看到他，我由于厌恶和恼怒而感到惊慌失措(我已经处在反思的层面)：惊慌就是意识。当我说：我在此时对皮埃尔产生了强烈的厌恶感，我不可能弄错。但是，这种厌恶感就是恨吗？显然不是。此外，这种厌恶感并不表现为恨。的确，很久以来，我就恨皮埃尔，而且我想我会永远恨他。暂时的厌恶的意识不可能是我的恨。即使我把它限制在它所是的范围内，限制在暂时性中，也不再谈得上恨。我会说："我在此时厌恶皮埃尔"，而我并未涉及未来。但恰恰由于拒绝涉及未来，我会停止恨。

但是，我的恨是与我的厌恶经验同时向我显现的。恨是通过这种经验显现的。而恨恰恰表明它并不局限在这种经验之中。恨在每一个反感、厌恶和恼怒的运动中、并通过这每一运动表现出来。但同时，恨又不是其中的任何一个。"恨"肯定：它在我昨天异常愤怒地想到皮埃尔时已经出现，并且明天还会出现。此外，恨自己对存在和显现进行了区分，因为即使在我陷入其他事情而没有任何意识揭示它的时候，它也表现为存在的连续。这似乎对于肯定恨不属于意识已经足够了。恨把暂时性从意识中脱离出来，它并不服从意识的绝对规律，因为这种规律认为显现与存在之间不可能有区分。所以恨是超越的对象。每一种"Erlebnis"[48]都揭示恨的整体，但同时，它又是恨的一个侧面，一种投射。恨是在过去与未来之中，对无限的恼怒或厌恶的意识的一种确信。恨是这无限意识的超越统一。这样，我在吸引或排斥的特殊意识发生时说“我恨”或“我爱”，这就开辟了一条向着无限的通道，这类似于当我们发现一个墨水瓶或吸墨纸的蓝色时所制造的通道。

因此，为了反思的权利能得到特别的限定无需更多：可以肯定皮埃尔讨厌我，但是他现在而且永远会怀疑我恨他[49]。这种肯定事实上无限地使权力脱离反思。自然，不应因此得出结论说恨是一种简单的假设，一个空洞的概念：恨完全是真实的对象，我通过“体验”把握它，但这个对象外在于意识，而且它的存在性质本身就包含着它的“怀疑性”。这样，反思拥有一个肯定的领域，而且是一个令人怀疑的领域，一个协调一致的自明性的范围和一个不协调的自明性的范围。纯粹反思（但不一定就是现象学反思）因此系于已定物而并不声称升向未来。这就是当某人在愤怒中说“我恨你”、恢复平静后又说“这不是真的，我不恨你，我说的是气话”时，人们所看到的情况。我们在此看到两种反思：一种是不纯的、同谋的反思，这种反思立即制造通向无限的过渡，突然通过体验把恨变成为自己的超越对象；另一种则是纯粹的、仅仅进行描述的反思，这种反思赋予未被反思的意识以暂时性并解除其武装。这两种反思领会的是同样确实的已定物。但其中一种更多地是肯定自己无所知，肯定自己通过被反思意识趋向位于意识之外的对象。

一旦离开了纯粹或不纯的反思领域，我们就会思考其各种结果，希求把“体验”的超越意义和它的内在差异混为一谈。这种混淆把心理学引向两种类型的错误：或者我会经常在情绪方面搞错，比如，我会在我恨的时候以为自己在爱，我得出“内省”是骗人的结

论。在这种情况下，我最终把我的**状态**和我的状态的诸多显现区别开来了。我认为，必须有一个对所有的显象(作为象征的)的象征性解释以规定情感，而且我设定了情感及其显象之间的因果关系：无意识于是又出现了。或者，相反，由于我知道我的“内省”是正确的，当我产生厌恶的意识时，我不能怀疑我的这种意识，我相信自己能够把这种信念置于情感之上，我的结论是：我的恨能够封闭在一个内在和一致的瞬间意识之中。

恨是一种状态。我企图用这个术语表达作为状态构成成分的被动性特征。无疑，人们会说恨是一种力量，一种不可阻挡的冲击力等等。但是，电流或水流也是令人生畏的力量：难道没有从其本性中去除任何被动和惰性的因素？电流或水流是否能少接受一些**外在**的能量？时—空中的物的被动性是从物的存在的相对性出发形成的。相对的存在只能是被动的，因为些许的活动就会把相对的存在从相对中解放出来并且把它变成为绝对。同样，恨，这与反思意识相关的存在是**惰性的**。自然，在谈到恨的惰性时，除了这种惰性如此这般地向意识显现，我们无话可说。而实际上，不是有人说：“……又激起了我的恨”，“对……的强烈欲望压倒了他的恨”等等。恨反对道德、审查等的斗争，难道不是表现为身体力量之冲突，以至巴尔扎克和大多数小说家(比如普鲁斯特)对各种状态实行了力量独立的原则？整个状态心理学(和一般意义上的非现象学的心理学)都是一种惰性的心理学。

从某种意义上讲，状态被规定为身体(直接的“物”)和“体验”之间的中介。只不过状态在身体一方和意识一方起作用的方式是不同的。在身体一方，状态的行动确实是原因。它是我进行摹仿的原因："你为什么和皮埃尔这样别扭？""因为我恨他。"但是，它在意识那里就不可能如此（除非在那些先验构成理论和弗洛伊德主义那样的空洞概念中）。的确，在任何情况下，反思都不能在被反思意识的自发性上受骗：这是反思信念的领域。如是，恨和反感的瞬间意识的关系是以同时控制恨的诸多要求（成为最初的、原始的）和反思（自发性）的某些确实根据的方式构成的：反感的意识向反思显现为恨的流溢（émanation）。我们在此首次看到 émanation 这个概念。每当人们要把惰性心理状态和意识的自发性联系起来时，这个概念就显得特别重要。排斥的表现可以说就像是在生气时并且依靠恨而产生的。恨通过排斥显现，就像从中流溢出来。我们承认恨和排斥的特殊"体验"的关系并没有逻辑。这肯定是一种神奇的联系[50]。但是我们所要的仅仅是描述。再者，人们将要知道：必须用独一无二的神奇术语去谈论"我"（Moi）和意识的关系。

B)行动的构成

我们并不企图对主动的意识和单纯自发的意识进行区分。此外，我们认为这是现象学中最困难的问题之一。我们只是要提请人们注意，参与的行动（不论主动的意识是什么性质的）是超越物。对于诸如"弹钢琴"、"开汽车"、"书写"等行动，这是显而易见的，因为，这些行动被困于物的世界之中。但是，诸如怀疑、推理、沉思、假设等纯粹心理的行动也应该被设定为超越。这里可能弄错的是，行动不仅仅是意识之流的对象的统一：同样还是一种具体的实现过程。但是,不应该忘记行动要求时间是为了自我实现。行动拥有一些关节、环节。与这些环节相应的,是主动的具体意识,而向着意识的反思在直观中领会完整的行动,这种直观把行动表现为主动意识的超越整体。从这个意义上讲,我们能说我在昏暗中隐约见到对象时,攫住我的、自发产生的怀疑就是一种意识。但是,笛卡尔的方法论怀疑是一种行动,也就是说一种反思意识的超越对象。在此,我们看到了危险:当笛卡尔说:"我怀疑,故我在"(Je doute donc je suis)时,涉及的是反思意识在其暂时性中把握的自发怀疑还是怀疑的举动呢?我们已经看到这种模糊不清可能是发生严重错误的根源。

C)作为状态的非强制性统一的诸种性质

我们将要看到,自我直接成为状态和行动的超越的统一。然而,可能在状态、行动与自我之间存在一种中介:那就是性质。当我们多次对各种人产生恨或产生积怨或持续的愤怒时,我们把这些不同的表现统一起来,并欲求一种制造这些表现的心理配置。这种心理配置(我特别恨,我能强烈地恨,我生气)自然胜过并相异于一种简单的中介。这是一个超越的对象。它代表状态的基质,就像状态代表"体验"的基质一样。但是,它与情绪的关系不是流溢的关系。流溢只把意识和心理的被动性连接起来。性质与状态(或与行动)的关系是现时化的关系。性质被确定为一种潜能,潜能在不同作用的影响下能够过渡到现时性中。性质的现时性恰恰就是状态(或行动)。我们看到,性质和状态之间的根本区别。状态是自发性的对象的统一，性质则是对象被动性的统一。若没有任何恨的意识，恨就会表现为活动着的存在物。相反，如果没有任何恨的情感，相应的性质就始终是一种潜能。潜能不是简单的可能性[51]：它表现为某真实存在的东西，但它的存在方式是潜在的。属于这种类型的当然还包括缺陷、道德、偏向、能力、意向、本能等等。这些统一总是可能的。预设观念和社会因素的影响在此非常重要。不过，它们永远不是必不可少的，因为状态和行动在自我中直接获取它们所要求的统一。

D)作为行动、状态、性质的极的"自我"之构成

我们已经知道区分"心理"和意识。所谓心理是反思意识的①超越对象，还是被称作心理学的科学的对象。自我对反思显现为超越的对象，这种对象恒常地实现心理综合。自我属于心理一方[53]。在此应该指出，我们观察的自我是心理的，而不是心理－身体的。我们并不是抽象地把自我的两个形态分开。心理－身体的"我"(Moi)是心理自我的丰富的综合，这个我完全能够（而不带任何缩减）以自由状态存在。可以肯定，比如当有人说"我是一个优柔寡断的人"时，他直接针对的并不是心理－身体的"我"(Moi)。

这就是要把自我构建为"极－主体"，就像胡塞尔置之于意向

① 但是，也可能通过行为的感知瞄准和到达这个对象。我还要在别处[52]解释有关一切心理学方法的同一性问题。

对象核心的"对象一极"一样。这个"对象一极"是支持各种规定的未知数X。

"谓词是对'某物'的谓词,这'某物'也属于有关核心,而且毋庸置疑,它与核心难以分离,它是我们前边所说的统一的中心点。它是各种谓词的接触点,是它们的支撑。但是从任意的结、与诸多谓词的任意关联的意义上讲,某物全然不是诸谓词的统一。某物应该必然与这些谓词相区分,尽管人们不能把它置于谓词之外,也不能把它与谓词分离。同样,这些谓词是对某物的谓词——没有某物是不可想象的——但又是区分于某物的谓词。"①

胡塞尔由此希望表明:他把主物视作至少从理想观点看是可分析的综合。无疑,这棵树,这张桌子都是综合的结,每一性质都与另一个性质相关联。但是,二者相联系是因为二者都属于同一对象X。从逻辑上讲,最初的东西,就是每一性质据以归属(直接或间接地)这个X的单方面联系,这个X是一个主体的谓词,这使一种分析总是可能的。这个说法很值得讨论[54]。但现在还不是谈它的时候。我们关心的是:一种不可分离的并且自己支撑自己的综合整体,在不能被真实、具体地分析的条件下,自然无需一种支撑X。比如,在欣赏一首乐曲时,设定X去支撑各种不同音符[55]是毫无用处的。在此,统一是源于各种成分的绝对不可分离性,除非通过抽象化,不能设想这些成分可能互相分离。谓词的主语在此将成为具体的整体,而谓词,从抽象观点看,则是与整体分

① Ideen,131,p.270.

离而且只有在与整体联系起来才获得其全部意义的一种性质①。

由于这些原因，我们否认在自我中存在支撑心理现象的X极。从定义上讲，X与X支撑的诸多心理性质是相异的。但是，正如我们所见，自我从来没有对自己的状态无动于衷，而是与这些状态“同谋”。然而，支撑，恰恰只有在它成为支撑与包容“自我”固有性质的具体整体的情况下，才能与所支撑物“同谋”。“自我”全然不外在于自己所支撑的状态与行动的整体。无疑，“自我”之于“自我”所聚集的一切状态来说是超越的，但却不同于抽象的X，X的任务仅止于聚合：不如说，这是诸多状态和行动的无限整体，这种整体永远不会还原为一个行动或一个状态。如果我们为作为“自我”的未被反思的意识，为第二等级的意识寻找类似物，我们更认为应该想到被设定为一切“物”的无限综合整体。实际上，我们也有可能在作为广袤而又具体的存在的直接环境之外把握世界。在这种情况下，我们周围的物只显现为这个世界的极端，这个世界超越诸物而且包容诸物。“自我”对心理对象来说，就是世界之于诸物所是的。只不过，世界在诸物幕后的显现相当稀少，为了揭示世界[56]，必须有特殊的境遇（海德格尔在《存在与时间》中对此有不少论述）。相反，“自我”总是在状态的境域界内显现。每一种状态、每一种行动都好像若没有脱离自我的抽象化就不能存在。如果判断把“我”(Je)和自我的状态（就像在“我爱”这样的句子中那样）分开，那只可能是要把二者联系起来。如果分离的运动不表现

① 此外，胡塞尔清楚地认识到这种综合整体，他对此有过出色的论述：L. U. Ⅱ，Un tersuchung Ⅲ。

为不完善的，如果分离的运动不被综合运动所补充的话，它就会导致一种空洞而虚假的意向作用。

这种超越的整体具有任何超越的可疑性质，也就是说，我们的“自我”的直观向我们提供的一切永远受到以前的直观的反诘，并且表现出自己原来的样子。比如，我能够明晰地看到我生气、我嫉妒等等，而我可能弄错了。换句话说，在想到我有这样一个“我”(Moi)时，我可能弄错了。此外，错误不是在判断的水平上、而是在前判断的白明性的水平上发生的。“自我”的这种可疑的性质——或者甚至是我犯的直观错误——并不意味着我有一个我不知道的真实的“我”(Moi)，但只意味着被意向的“自我”自身带有可疑的特性(在某些情况下是错误的性质)。形而上学的假设并没有受到排斥——根据这种假设，“自我”并没有被理解为已经(十年前或一秒钟前)在现实中存在过的诸多成分——而仅仅是由虚假回忆构成的。这“狡猾天才”的权力延伸至此。

但是，如果这权力来自作为可疑对象的“自我”的性质的话，那它并不因此是不可靠的。的确，“自我”是我的状态和行动的自发超越的统一。自我在此名义下并非一种假定。我不像我能对自己说“我可能恨皮埃尔”那样对自己说“我可能有一个自我”。我在此并不是要寻找我的诸多状态的统一意义。当我在“恨”的标签下统一我的诸多意识时，我为之补充了某种意义，我为之命名。但是，当我把我的诸多状态归并于具体的“我”(Moi)之中时，我没有为之补充任何东西。实际上，“自我”与性质、状态的关系既不是流溢的关系(如意识与情感之间的关系)，也不是现时化的关系(如性质与状态的关系)。这是一种诗意创造的关系(从现象学还原的意义上讲)，或可以说是创造的关系。

每个人在退回到他的直观结果的过程中都能看到“自我”是被规定为制造它的状态。我们在此对超越的自我——即对直观显示的那样——进行描述。在此，我们是从这样一个不容置疑的事实出发的：每个新的状态都直接(或间接通过性质)与自我在其根源上互相结合。这种创造模式就是一种虚无中的创造。从这个意义上讲，状态并不被认为曾经在“我”(Moi)之中存在。即使恨表现为某种恼怒或仇恨的某种潜能的现时化，对于“恨”所现时化的潜能来说，它始终还是某种新的东西。这样，反思的统一活动以非常特殊的方法把每一个新状态与“我”(Moi)这个具体整体结合。“恨”不只限于把状态看作对这种整体的联系——就如同以这整体为基础：“恨”意向一种从反面穿越时间并把“我”(Moi)确定为状态根源的关系。自然，行动于“我”(Je)的关系也是同样。至于性质，尽管它们规定的是“我”(Moi)的性质，也并不成为“我”(Moi)由之存在的东西(比如建筑材料集合体的情况：每一块石头、每一块砖都凭着自身存在着，而集合体又凭借它们中的每一个而存在)。相反，自我则通过真实的连续创造保持自己的各种性质。然而，我们并不把“自我”视为最终处于性质之外的纯粹创造性的源泉。如果我们依次消除所有的性质，我们就会感到我们能够找到一个被缩减的极。如果“自我”在每一个或甚至全部的性质之外，那时因为自我像对象一样是不透明的：我们应该进行一次无限的剥离以去掉自我的所有潜能。在这次剥离结束时，就不再剩下什么，“自我”就会消失。“自我”是其诸多状态的创造者，并且“自我”通过一种保守的自发性支持其各种性质。不应该把这种创造性或

保守的自发性与责任相混淆,因为它是从自我出发的创造生产的特殊情况。研究从“自我”到其状态的过程是很有意义的。在绝大多数时间里,这涉及的是一种神奇的过程。从前,这种过程可能是理性的(比如在被反思的意志中),但总伴随着一种我们下面要提到原因的不可理解性的基础。由于各种不同意识(先逻辑的、幼稚的、精神分裂的、逻辑的意识等等),创造的差异也在变化,但却始终是一种诗意的生产。非常个别并极富意义的就是感应的心理。病人所说“有人让我产生不好的想法”的话意味着什么?我要在另一本书中研究这个问题[57]。而在此我们要注意的是“自我”的自发性并没有被否定:可以说,这种自发性被迷惑[58],但却持续着。

但这种自发性不应该与意识的自发性相混淆。的确,“自我”作为对象是被动的。这涉及一种从源泉和间歇热喷泉的喷射中得到的适宜的象征。这就是说只涉及一种现象。真正的自发性应该是完全清楚明白的:它就是它自己所制造的,而不是其他任何东西。这种自发性综合地与异于它的其他物相联系,实际上它把某种暧昧性,甚至某种被动性包容在变化过程中。确实应该承认从“自我”到它物的过程设定了自发性避开自身这个事实。“自我”的自发性避开自身,因为“自我”的“恨”尽管不能通过单独的“自我”存在,这“恨”无论如何还是拥有相对于“自我”的某种独立性。这样,“自我”总是被自己制造的东西所超越,尽管从另一种观点看,“自我”就是它自己制造的。由此产生了如下这些传统的感叹句:“我,我本来能够做成这事的!”“我,我可以恨我的父亲!”等等。在此,显而易见,直到说这些话的时候,被直观的“我”(Moi)的具体总体在加重这创造性的“我”(Je)并且在离其刚刚创造的东西有些距离的地方把握这个“我”(Je)。“自我”与其状态的关系仍然是不可理解的自发性[59]。这就是柏格森在《意识的直接材料》描述的自由，但他不知道他所描述的是对象，而不是意识，他所提出的关系是非理性的，因为制造者相对于被其制造的东西是被动的。由于这种关系是非理性的，它因此并不低于我们在“自我”的直观中考察的关系。在此，我们把握了它的意义：“自我”是一个被感知的对象，但也是被反思科学构建的对象。这是统一的潜在的家园，而意识是在与真实制造过程所沿循的意义的相反意义上构建这个家园：真正占首要地位的，是各种意识，状态通过这些意识被建立起来，然后，“自我”通过这些状态被建立。但是，正如秩序被意识——这意识为自我逃避而在世界中被毒化——所推翻，意识被视作为来自状态，而状态则被视为是“自我”制造的[60]。随之而来的是意识把自己的自发性投射到对象“自我”中，为的是赋之于绝对必要的创造权力。只不过，这种在对象中被表象、被实体化的自发性，变成为折中和减弱的自发性，这种自发性在变成被动时神奇地保留了自己的创造力量。“自我”这个概念的深刻非理性由此产生。我们知道意识的自发性还有其他减弱的形态。我在此只提一个：富于表达的细腻的摹仿[61]可以提供对对话者的“体验”及其全部意义、差异和鲜明。但摹仿向我们提供的是减弱的、也是被动的体验。我们于是被神奇的对象包围，这些对象完全是世界的对象，保留着对意识的自发性的回忆。这就是为什么人之于人永远是巫师的原因。的确，这两种被动性——其一自发地创造另一个——的诗意的关联，就是魔法的基础，就是“参与”的深刻意义。所以，每当我们观察我们的“我”(Moi)时，我们对我们自己也是

巫师。

根据这种被动性，“自我”有可能被染指。没有任何什么能作用于意识，因为意识是自因。但是相反，进行制造的“自我”在回归其制造物上时经受了冲击。“自我”与其制造物“同谋”[62]。在此，存在着关系的转化：行动或状态转向“自我”，为的是修饰“自我”。这也把我们引向参与的关系中。在“自我”制造新的状态时，每一个被制造的新状态都会染指“自我”并使之具有细微差别，从某种意义上讲，“自我”被这种行动迷惑而参与了行动。这并不是分裂派教徒犯下的罪恶，他与他的自我相结合。或不如更准确地说，这是以紧缩的形式、以创伤的形式犯下的罪恶。“自我”制造的一切都给“自我”留下深刻印象，应该补充说：这指的仅仅是“自我”制造的。有人会反驳说“我”(Moi)可能被外部事物所改造(破产、丧事、绝望、社会环境的改变，等等)。但是，也唯因这些事件而有了“我”(Moi)的状态和行动。一切的发生就如同“自我”幽灵般地、自发地与外部直接接触而得到保障，就如同“自我”只有通过状态与行动的中介才可能与世界沟通。我们知道这种孤立的理由：这是因为“自我”是这样一种对象：它只对反思显现，而且因此彻底与世界分开。它并不与世界生活在同一层面上。

同样，自我是主动性和被动性的非理性的综合，是内在性和超越性的综合。从一种意义上讲，“自我”更加“内在于”意识，而不是状态。更准确地说，对被反思的意识进行沉思的是反思的意识。但是，反思在沉思内在性的过程中把内在性变成为面对反思提出来的对象，这很容易理解。我们说的内在性实际上意味着什么呢？内在性只是要说明：对于意识，存在和被认识是唯一和同样的事情。这可能以不同的方式表达：比如，我可以说：对于意识，显现是绝对的，因为意识就是显象，或者还因为意识这种存在的本质就意味着它的实存[63]。这些不同的说法使我们得出如下结论：人“经历”内在性（人内在地实存），但并不对之沉思，因为内在性超越（作为其条件的）沉思而成为其自身。反思提出被反思的意识，而且由此提出被反思意识的内在性，反对这种说法是毫无用处的。这是特殊的情况：反思和被反思就像胡塞尔明确指出的那样[64]合二而一了，其中一个与另一个的内在性相互融合。但是，在“自我”面前提出内在性，这就必然使之沉重而成为对象。就像内在性被封闭于“自我”之中，而且只向我们显示其外在，似乎一定要“绕它一圈”才能理解它。“自我”就这样向反思显示：就像一种被封闭于自身的内在性。“自我”对自身、而不是对意识是内在的。自然，这还涉及一种矛盾的情结：绝对的内在性的确从来没有外在，它只由自身设定，并且因此，我们不能把握他人的各种意识（仅仅是因此，而不是由于身体把我们相互分开）。事实上，对这种减弱的、非理性的内在性的分析。是通过两种特别特殊的结构：内在和无区分。“自我”对意识表现为内在。这就好像“自我”是对着单独和基本的差异的意识，近似于“自我”对意识是不透明的。这种不透明性被视作为无区分。人们在哲学中以不同的形式经常使用无区分这个概念，它是从外部看得见的内在性，或者可以说，它是对内在性进行的减弱的反映。比如，在柏格森著名的“互相渗透的多样性”中我们遇到的就是这种无区分。我们在许多神秘主义的上帝那里看到的也是这种先于被自然化的性质的特殊性的无区分。我们时而能够把无区分理解为对所有性质的原始无分化，时而又把它理解为

先于任何定性的纯粹存在形式。这两种无区分，根据人们用以观察“自我”的形式属于“自我”。比如，在等待中——〔或像马塞尔·阿尔兰解释说，应该有一特殊事件唤醒真正的“我”(Moi)〕[65]——“自我”显示为一种赤裸的强力，这种强力将在与事件①的接触中得到说明并得到确定。相反，在行动之后，“自我”似乎再次把已完成的行为吸收到“互相渗透的多样性”中。在这两种情况下，涉及的是具体整体，但专制的综合的完成伴随着各种不同的意向。可能，人们会说，对于过去，“自我”是互相渗透的多样性，对于未来，“自我”则是赤裸的强力。但是，在此应该蔑视某种过分的图式化。

“我”(Moi)就这样始终对我们是不可知的。这很容易理解：因为“我”(Moi)被规定为对象。因此，认识这个“我”的唯一方法就是观察、比较、等待、经历。但是，这些完全适合于非—内在的超越物的手段，在此却因为“我”(Moi)的内在性事实本身并不适用。“我”(Moi)过多地“在场”，这使我们不能够由之得到真正外在的观点。如果人们离开以退一步，那“我”(Moi)就伴随着我们一起后退。“我”(Moi)无限地靠近，我不能够包围“我”(Moi)。我是懒惰的，抑或是勤劳的？如果我和认识我的人说话，如果我问他们的意见，我无疑能够得出结论。或者，我仍能收集与我有关的各种事实，并且倾向于像涉及另外一个事实那样客观地解释它们。我想直接与“我”(Moi)对话并试图利用其内在性去认识“我”(Moi)，这些都是徒劳的。因为，相反正是“我”(Moi)的内在性阻挡了我们

① 比如，当激情膨胀的人[66]要表示他不知道他的激情会到什么地步时，他会说：“我害怕我(moi)。”

的去路。这样，“被清楚地认识”，最后就是用他人的观点、也就是以一种特别虚假的观点看待“自我”[67]。而所有试图“被认识”的人都适合于这种观点，这种回顾的企图一开始就表现为用零件、孤立的碎片重新组构那些从起始就一气呵成的东西。“自我”的直观于是成为一种总是令人失望的海市蜃楼。因为，这种直观提供了一切，同时又什么都没有提供。既然“自我”又不是意识的真正的整体（这种整体和行为中的任何无限一样都会是矛盾的），而是所有状态和行动的理想统一，那“自我”如何能够成为有别于直观的另外的存在呢？这种统一因为是理想的，自然能够包容一种状态的无限性。但是，人们完全可以设定，像具体和完满的直观所表现的，知识这种在直观与现在状态结合的统一。从这个具体的核心出发，相当数量的空洞意向（从权利意义上讲是无限的）趋向过去，趋向未来并且针对那些并不在现在表现的状态和行动。对现象学有认识的人都很容易明白：“自我”是那些大多数都不在场的状态的理想统一，同时是完全向直观表现的具体的整体：这只意味着“自我”是一种“意向对象”和“意向行为”的统一。一棵树或一把椅子并不别样地存在。自然，各种虚空的意向总是能够被充实，而且不管什么状态、行动都总是能够像被自我或已经被自我制造的那样向意识重新显现。最后，彻底阻碍人们获得有关“自我”的真实认识的，是“自我”用以向反思意识表现的特殊的方式。的确，当人们不看“自我”时，“自我”就永远不会显现。反思的注视必须固定在“体验”上，因为“体验”来源于状态。“自我”在状态后面，在界域内出现。“自我”从来就是被从“眼角”看见的。从此，我把我的目光转向“自我”，而且我要不通过“体验”和状态到达“自我”，“自我”

于是就消失了。事实上，在致力于为“自我”本身而把“自我”把握为我的意识的直接对象的过程中，我又落在未被反思的水平上，而“自我”就与反思的行为一起消失。由此产生许多哲学家都要表达的这种令人烦躁的不确定性的印象，他们把“我”(Je)置于意识的状态之内，并且肯定意识应该转回到自身以发现在意识后面的“我”(Je)。不是这样：但从本质上讲，“自我”是逃逸的。

然而，可以肯定，“我”(Je)是在未被反思的水平上出现的。如果有人问我“您在做什么？”而我匆忙回答：“我要挂这幅画”，或“我在修后轮”，这些句子没有把我们转送到反思的范围内，我在说出这些句子时没有停止工作，没有停止独独对行动进行观察，因为这些句子是现成的，或应该完成——而不是因为我造这些句子。但这里涉及的“我”(Je)并不是一个简单的句法形式。这个“我”拥有一种意义。这只是一种虚空的、注定永远虚空的观念。我如何能够在没有任何椅子在场时思考一把椅子，我就如何能在“我”(Je)不在场时思考“我”(Je)。这就使得对诸如“我去办公室”，或“我遇到我的朋友皮埃尔”，或“我应该给他写信”等等句子的观点清楚明白。但是，“我”(Je)从反思领域落入未被反思的领域，并不简单地倾空自己。“我”(Je)正在堕落：失去了致密性。概念永远不能被直观的各种已定物充满，因为概念现在针对的是与这些已定物相异的东西。在此找到的“我”(Je)可以说是(我)在世界上进行或应该进行的行动的支撑，因为这些行动是世界的一些性质，而不是意识的一些单位。比如，应该把木头劈成小块用于生火。木头全靠火：这是木头的一种性质，是木头与应该被点着的火的对象关系。现在，我劈木头，就是说行动在世界中实现。而对这个行动的对象

性和虚空的支持，就是“我”(Je)——观念。所以，身体和身体的各种影像能够消化从反思的具体的“我”(Je)到“我”——观念的整个堕落过程，同时对后者保留虚幻的充实[68]。我说“我”(Je)劈木头，我看到并感觉到正在劈木头的对象“身体”。身体于是成为“我”(Je)的可见并可触的象征。我们于是可看到一种“自我学”应该关注的，是这一系列的折射和减缩。

被反思层次：
- 被反思意识——内在——内在性
- 直观的“自我”——超越性——致密性
- (心理领域)

未被反思层次：
- “我”—观念(非强制性的)——超越的虚空
- ——无内在作为“我”—观念的虚幻充实
- 的身体(心理—身体领域)

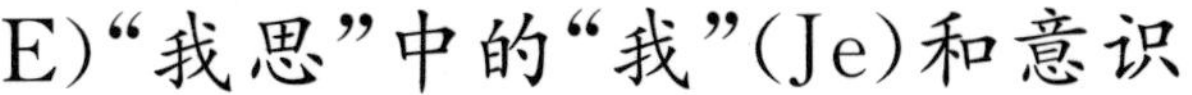

E)“我思”中的“我”(Je)和意识

人们会问：既然“我思”——如果“我思”正确地进行——就是对纯粹意识的领会，既没有构建状态，也没有构建行动，那为什么“我”(Je)在“我思”之际出现呢？真正说来，“我”(Je)在此并非必要，因为“我”从来不是意识的直接统一。人们甚至可以设定一种制造纯粹反思行为的意识，这种行为把意识当作非人格的自发性向意识自身显示。只不过，应该注意到：现象学还原从来不是完美的。在此，一系列心理的意图涉入进来。当笛卡尔演绎“我思”时，他让“我思”与方法怀疑、与“推动科学进步”的雄心等等**行动**和**状态**发生联系。因此，笛卡尔的方法、怀疑等等从本质上讲都表现为一个“我”的各种事业。在这些事业结束是显现的、从逻辑上讲与方法怀疑相系的“我思”，在其境域内看见“我”(Je)，那是再自然不过的事了。这“我”是理想的关联形式，是肯定“我思”在与怀疑同样形式下被把握的一种方式。一句话，“我思”是不纯的，“我思”无疑是自发的意识，但始终综合地与状态和行动的意识相联系。“我思”同时表现为怀疑的逻辑结果和结束怀疑者[69]，这就是证明。反思地把自发意识把握为非人格的自发性必须在没有任何事先动机的情况下才可完成。这种把握从理论上讲总是可能的，但在实际上未必可能，或至少在我们人类条件下是极其稀少的。无论如何，如前所述，“我”(Je)在“我思”的境域中出现，并不是意识的自发性的制造者。意识的产生是由于意识面对这个“我”并且向着“我”、要与“我”相结合。这就是我所能够说的一切。

结　　论

我只想提出以下三点作为结论：

1. 我们所提出的“自我”的观念似乎实现了先验领域的解放，同时也实现了它的纯化过程。

被任何自我论结构所纯化的先验领域都掩藏着自己的最初的纯净。从某种意义上讲，这是一种乌有，因为所有的物理、心理—物理和心理的对象、所有的真理、价值都外在于这个乌有，因为我的“我”(Moi)自身已经不再是“乌有”的一部分。但是，这个“乌有”就是一切，因为它是对所有这些对象的意识。它不再是布兰舒维克[70]把“内心生活”与“精神生活”对立起来意义上的“内心生活”。因为不再有什么东西既是对象、同时又能属于意识的致密性。怀疑、后悔、所谓的“意识的危机”等等，简言之，内心记录的全部材料变成为简单的“表象”。人们由此可能得到某些道德判断的健康的观念。但是此外，应该指出，从这个观点出发，我的情感和状态，我的“自我”本身，都不再是我独有的属性。明确地讲：至此，人们对时一空中的物或永恒真理的对象性和心理“状态”的主体性作了彻底的区分。主体相对于自己的各种状态似乎具有一种优先的立场。按照这种观念，当两个人讲同一把椅子时，他们确在谈论同一件事情，其中一个人所拿的并且抬起来的这把椅子，和另一个

人看见的椅子是同一把椅子，这里没有各种影像的简单的汇合，有的只是一个对象。但是，当保罗企图了解皮埃尔的心理状态时，他不能到达这个状态，对这个状态的直观把握属于唯一的皮埃尔。他只能考虑一个对等物，创造真正意欲到达本质上摆脱直观的现实。心理学的领会是通过类比得到的。现象学要告诉我们：各种状态都是对象[71]，这样一种情感（爱或恨）是超越的对象，而且不能收编在“意识”的内在统一中。其次，比方说皮埃尔和保罗两个人都谈论的是皮埃尔的爱情，那一个人盲目并类比地谈论另一个人完全把握的东西，就不会再是真的了。他们谈的是同一件事。他们无疑是通过不同的手段把握这件东西，这些手段同样可能是直观的。皮埃尔的情感对皮埃尔来说，并不比对保罗更加确实。这种情感对皮埃尔和保罗来说都属于人们可能怀疑地提到的对象的范畴。但是，如果皮埃尔的“我”（Moi），这个爱或恨的“我”始终是意识的基本结构的话，那这深刻而新鲜的观念总是牵连进去。情感的确始终与之相连。这种情感“黏附”在“我”（Moi）之上。如果人们从意识中获取“我”（Moi），人们就获取了与“我”（Moi）相随的情感。相反，“我”（Moi）是作为状态的超越对象，而且因此，“我”（Moi）有两种直观的可能：通过其状态就是“我”（Moi）的意识进行的直观把握，再就是通过其他意识进行的不那么清楚、但并非不那么直观的直观把握。一句话，皮埃尔的“我”（Moi）之于我的直观就像对皮埃尔的直观一样是可能的。在这两种情况下，这“我”（Moi）都是一种不恰当的自明性的对象。如果是这样，那在皮埃尔那里就不再留有“不可进入”的东西——如果不是他的意识本身的话。但是，他的意识彻头彻尾是他的意识本身。我们要说，意识不仅仅不服从直观，也不服从思维。我不可能在没有把皮埃尔的意识变作对象的情况下设想皮埃尔的意识（因为，我并不把皮埃尔的意识设想为是我的意识）。我不能设定皮埃尔的意识，因为那就必须把这种意识设想为同时是纯粹内在性和超越性，而这是不可能的。一种意识除了自身外，不可能设想其他意识。这样，多亏了我们关于“我”的观念，我们能够区分心理学可理解的领域——在这个领域中，内在观察的方法和回顾的方法拥有同样的权利并且能够互相帮助——和只允许现象学进入的纯粹先验的领域。

这个先验的领域是绝对存在的领域，这就是说，是纯粹自发性而永远不是对象、自己决定自己去存在的领域。因为“我”(Moi)是对象，很明显，我永远不能说：我的意识，即我的“我”(Moi)的意识（除非在纯粹指示的意义上，比方有人说：我的受洗日）。“自我”不是意识的主人，而是意识的对象。当然，我们自发地把状态和行动构建成为“自我”的创造。但是，我们的状态和行动也是对象。我们从来没有对于“自我”所制造自发意识的自发性的直接直观。那是不可能的。只有在意向意义和心理学命题的层次上我们才能设想一种类似的创造——而这种错误只由于在这“自我”的层次上，意识是虚空的，才有可能发生。从这个意义上讲，如果人们明白“我思”是为了把思维变作“我”(Je)的创造，那就已经把思维构建为被动性和状态，也就是说构建为对象，这就离开了纯粹反思的层次，“自我”无疑在这个层次上显现，但是在自发性的境域内显现。兰波有一句名言（通灵者的信）准确地表达了这种反思的立场：“我(Je)是一个他者。”从上下文看，他只是要说，意识的自发性

不能源于"我"(Je),而是**趋向**"我",与之交会,自发性使"我"在其纯净的厚度下被人瞥见,但这种自发性首先表现为**个体化的和无人称的自发性**。这是普遍承认的论点,根据这种论点,我们的思想是从无人称的无意识中喷发出来的,并在变成意识的过程中"人格化",在我们看来,这就像对正当直观的粗略的、唯物的解释。某些心理学家支持这种论点[72],他们清楚地明白:意识不"来自""我"(Je),他们不能接受自发性自己制造自己的观点。这些心理学家因此天真地设想自发的意识"来自"无意识并在无意识中已经存在,他们没有发现他们所做的只是存在问题的退步,他们应该最后整理这个问题,而他们把这个问题搞得模糊不清,因为前意识限度内的自发性的实存必然会是一种**被动**的实存。

我们于是可以梳理一下我们的论题:先验的意识是无人格的自发性。意识命定要每时每刻实存,人们不能在意识的实存之前设想任何东西。这样,我们的意识生活的每一时刻都向我们揭示从虚无开始的创造。这不是一种重新整理,而是新的实存。对我们每一个人来说,都有某种令人焦虑的事情,那就是超出行为把握这种实存的不懈创造,而我们并不是这些创造的创造者。在这个层次,人感到自己通过总是意外的财富不断地自我逃逸、自我摆脱、发现自己,仍然是无意识通过意识负责分析这"我"(Moi)的超越。因此,"我"(Moi)对这种自发性一筹莫展,因为**意志是为着并凭借这种自发性而构成的对象**。一直趋向状态、情感或事物,但它永远不转回到意识上面。人们清楚地知道,在某些情况下,人们试图要求一种意识(我要睡觉,我不要再想这些等等)。在这些不同的情况下,意志被与意志要求产生的意识**根本对立的意识**所支持、保留(如果我要睡觉,我醒着,——如果我不要想这件或那件事,我正是为此才想到这个)。我们觉得这种可怕的自发性最初是多种精神衰弱症。意识惧怕自身固有的自发性,因为意识感到自发性远离自由[73]。我们在雅奈[74]列举的例证中可清楚地看到这一点:丈夫离家而让妻子独守空房,妻子在窗前像妓女那样招呼来往的过路人,但心中异常恐惧。从她的教养、过去和性格中找不出任何可解释类似惧怕的因素。我们只是感到一种无关紧要的境遇(阅读、交谈等等)在她身上确定了所谓的可能性的晕眩。她恐惧地感到自由,而这种令人晕眩的自由是在这她害怕做的行为进行之际对她显现的。但是,这种晕眩只有在意识突然向自身显现——就像在其可能性中突出那个通常被用作统一的"我"(Je)——时才是可理解的。

可能,"自我"的基本功能并不是理论性的,也不是实践性的。我们确实指出过:"自我"并不压缩现象的统一,"自我"只限于反映一种观念的统一,具体而真实的统一于是长期以来被制造着。但是,"自我"的基本作用可能向意识掩盖其固有的自发性[75]。对自发性的现象学描述实际上会指明:自发性使得行动和激情之间的任何区分、有关意志自主性的任何观念都成为不可能的。这些概念只有在这样的层次上才具有意义:在这种层次上,任何活动都像是源于一种它超越的被动性,简言之,在这个层次上,人同时被视作主体和对象。但是,这是人们不能在意愿的自发性和非意愿的自发性之间区分的本质必然性。

一切的发生就如同意识把"自我"构建为它自身的虚假"表象",就如同意识被它构建的"自我"所吸引,并消失于"自我"之中,就如同意识把“自我”变成为自己的护卫和规律:实际上,多亏了“自我”,才能在可能和现实、显象和存在、被要者和被受者之间进行区分。

但是,意识有可能在纯反思的层面上突然自我产生,这并非是说可能在没有“自我”的情况下进行,而是说意识像从各个方面避开“自我”,通过连续不断的创造在自身之外控制并支持“自我”。既然显象是一种绝对,那在这个层面就不再有可能和现实之间的区分。不再有障碍、界限,不再有任何向意识自身掩盖意识的东西。于是,意识发现了它的自发性的命运[76],一下子就焦虑起来:正是这绝对的、无可救药的焦虑、这对自我的惧怕向我们表现为纯意识的构建成分,正是这种焦虑提供了解开我们谈及的神经衰弱的慌乱的关键。如果我思的“我”(Je)是意识的最初结构,那这种焦虑就是不可能的。如果,相反,人们接受我们的观点,不仅仅因为我们对此慌乱有一种一致的解释,还因为我们坚持一种要进行现象学还原的恒常动机。人们知道,芬克在他的题为《康德研究》的文章中不无悲伤地承认,当人停留在“自然”的立场上时,那就没有实践现象学还原的理由和动机。的确,这种自然立场完全一致,人们不可能在其中找到柏拉图之后导致哲学家进行哲学交谈的那些矛盾。这样,胡塞尔现象学中的“现象学还原”是作为奇迹出现的。胡塞尔自己在《笛卡尔的沉思》中非常含混地影射了导致还原的某些心理动机。但是,这些动机似乎一点儿都不充分,特别是还原好像只能在漫长研究结束时才可能进行。还原于是显现为一种认知的过程,而这就赋予还原一种无根据性。相反,如果“自然立场”整个表现为意识为逃避自身而做的努力——这种立场投身于

“我”(Moi)之中并且被吸收，如果这种努力从未得到过回报，如果一个简单反思的行为就足以让意识的自发性一下子脱离“我”(Je)并且显得独立自主，那现象学还原就不再是奇迹，也不再是智力的方法、认知的手段：这是强加于我们而且我们不能避免的焦虑，这是一种先验起源的纯粹事件，同时也是我们日常生活中总可能发生的事故。

2.“自我”的这种观念在我们看来是对唯我论[77]唯一可能的驳斥。胡塞尔在《形式和先验的逻辑》和《笛卡尔的沉思》中所做的驳斥在我看来没有触及一个特定的而又是智慧的唯我主义者。当“我”(Je)始终是意识的一种结构时，那意识与其“我”(Je)一起和所有其他存在者的对立就总是可能的。最终，是我(Moi)创造了世界。这个世界的某些层次因其本质是否必须有一种与他人的关系，这无关紧要。这种关系可能成为我创建的世界的一种简单性质，它绝不强制我接受其他“我”(Je)的真实的实存。

但是如果“我”(Je)变成超越的，那这个“我”就参与世界的一切崎岖。“我”不是绝对，“我”全然没有创建宇宙，“我”像其他实存一样落于现象学还原的制约之下。当“我”不再拥有优先地位时，唯我论就变得不可想象了。的确，不应该表述这样的句子：“我像绝对一样单独存在”，而应该这样陈述：“绝对的意识像绝对一样单独存在。”这显然是一种利他主义。事实上，我的“我”(Je)**对意识来说不再比其他人的“我”(Je)更加确实**。我的“我”(Je)只不过更加内在而已。

3.极左派的理论家们有时会指责现象学是唯心论，指责现象学把实在浸于观念流之中。但是，如果唯心论就是布兰舒维克的无罪的哲学，如果这就是精神理解[78]在其中永远不会遇到外部阻力、痛苦、饥饿；战争在其中会随着观念的统一化的缓慢过程而冲淡的哲学，那就没有什么比把现象学家们称之为唯心论者更不公正的事情了。相反，多少世纪以来，人们都没有在哲学中感受到如此现实的气氛。现象学家们把人重新置于世界之中，他们恢复了人的焦虑、痛苦以及反抗的全部价值。不幸的是，在"我"(Je)总保持为绝对意识的一种结构时，人们还可指责现象学是一种"理论—庇护所"、并且在世界之外抽取人的一块地盘、由此转移了对真正问题的关注。我们认为，如果把"我"(Moi)的实存与世界具有相同的各种性质的话，上述指责就不再有存在的理由。我总是认为，像历史唯物论这样丰富研究论题完全不需要以形而上学唯物论[79]的荒谬性作为自己的根基。实际上，为了消除精神的伪价值、为了使道德从现实中找回自己的基础，并不非要对象先于主体。而只需"我"(Moi)与世界同时，只需作为纯粹逻辑的主体—对象的二元性从哲学关注中消失就足够了。世界没有创造"我"(Moi)，"我"(Moi)也没有创造世界，二者其实是绝对、无人称的意识的两个对象，这两个对象通过这种意识互相联系起来。这种绝对的意识，当它被"我"(Je)纯化时，就不再具有主体的任何性质，它也不是诸多表象的集合：它只不过是实存的原初条件和绝对源泉。而这种意识在"我"(Moi)和世界之间确立的相互依附的关系足以让"我"(Moi)面对世界显得岌岌可危，足以使"我"(Moi)(间接地并通过状态的中介)从世界那里获取其全部内容。为了从哲学上确立一种道德和绝对实证的政治，不再需要更多[80]。

编者注释

〔1〕《纯粹理性批判》，第二版，“先验分析”，L. I，ch. 2，第二部分，§16；参见§17—18法文版，110—118页。

〔2〕新康德主义的代表为拉舍利埃(Lachelier)和布兰舒维克，经验批判主义的代表为马赫。至于维克多·布罗沙尔(Brochard)，他不仅仅是古典哲学家：他写过《论错误》(1879)一文，还有几篇文章附在《古代和现代哲学研究》(Vrin，1954)这本书的后面。

〔3〕布特鲁：《康德哲学》，索邦大学讲课稿(1896—1897)，巴黎，Vrin，1926。

〔4〕在《想象》(PUF，1936)中，萨特在谈到形象的特殊问题时，强调了作为现象学显现的哲学革命的一般特点。正如在此萨特坚持要求描述的方法的多样性，即便直观向他提供的事实是本质。“现象学是对先验意识结构的描述，这种描述建立在这些结构的本质直观的基础上。”

〔5〕胡塞尔在《作为严格科学的哲学》(1911)中发挥了这个思想。

〔6〕“在直接直观的活动中，我们的直观是对‘物本身’的直观”(《纯粹现象学通论》，43节，法文版，利科译，139页)，以下称《观念Ⅰ》。胡塞尔还说，物是亲身向我们显现，或甚至是原本地向我们显现。

〔7〕《事实的科学》和《本质的科学》——还有本相的科学。这些术语在此具有同样的意义。的确，萨特在此没有参照经验事实和本质之间的对立——在别处是很重要的。但他却更全面地参照了事实问题和权利问题。然而，事实和本质一起显现为给定物，重要的恰恰是：与提出纯粹权利问题的康德的观点针锋相对，现象学就是一种给定物的(物质的还是观念的不那么重要)科学。此外，如果胡塞尔真的要建立一种“本质”的或“本相”的科学，那就应该在此特别看到，这些本质是与信念一起进入一种直接的视觉之中，恰恰就像各种对象的情况。从这个观点看，它们是(理想的)事实。

“本质是一种新类型的对象。在个体的直观或经验的直观中，给定物如何是一种个体对象，本相直观的给定物就如何成为一种纯粹本质……本质直观也是一种直观，而本相的对象也是一种对象。”（《观念 I》，第一部分，ch. 1：《事实与本质》，法文版，利科译，21 页）

〔8〕现象学还原，是把总带有自发实在论印记的自然立场置于括弧之中。萨特在胡塞尔之后还要用“世界间意识”的术语指示这种意识。关于还原或各种还原，可参见《观念Ⅰ》第 2 卷，第 4 章，56 节、62 节（利科译，187—208 页）；《笛卡尔的沉思》，第 8 节（勒维纳斯译，17—18 页）。

〔9〕主要是《观念Ⅰ》中的描述。

〔10〕“我认为，位于并维持在悬搁之中的沉思主体——这样作为一切肯定和客观证明的唯一根源向我提出的主体——从心理学意义上讲，它既不是心理的我（Moi），也不是心理对象，就是说，它被理解为人的存在（心理—身体）的真实成分。”《笛卡尔的沉思》，第 11 节，法译本，22 页。

〔11〕这个问题见上面已经提到的胡塞尔的《笛卡尔的沉思》第 11 节，题目为《心理的我和先验的我》。实际上，在注〔10〕引述的段落中，胡塞尔很快就补充道：“通过现象学还原，我把我的自然人的‘我’（Moi）和我的心理生活——我的内在的心理经验领域——还原为我的先验的和现象的‘我’（Moi），即先验和现象学的内在经验领域。”

〔12〕萨特用“我”（Je）这个概念指在其主动形态中的人格。而用“我”（Moi）指同一人格的心理—身体整体。显而易见，“Je”和“Moi”合二而一，二者构成了“自我”（Ego），二者只不过是“自我”的两面。还可参见本书编者注〔52〕。在此讨论的自我的形态问题在《存在与虚无》中有完整的论述：第 209 页以下。

〔13〕上述结果构成了萨特要维护的论题的基础，这是与胡塞尔后期思想对立的。

〔14〕《逻辑研究》第二卷，第二编，第 8 节：《纯粹的我和“有意识”》（法译本 159 页）。在《逻辑研究》中可以感到胡塞尔的变化。胡塞尔说：“此外，我应该承认，的确，我绝对不能发现这个与必要参照相对立的原始的我。”他对此（很可惜）在 1913 年再版时补充了以下注解：“从此，我学着去找它，或不如说，知道不应该在对已定物的纯粹领会中被对于落入‘我’的形而上学的过度恐惧所控制。”

〔15〕参见《观念 I》，第 80 节。关于光线的形象，参见第 57 节：“纯粹的我

(Moi)是否外在于循环?”(法译本 188 页)。还可参见《笛卡尔的沉思》有关“先验自我”构成的部分。

〔16〕在萨特看来,把先验的我设定为统一和奠定任何意识的个人家园,是表面肤浅的。他认为,只有一种先一人格或无人格的先验领域。超验和先验在萨特那里没有取康德的意义,而是取了胡塞尔、比如说在《笛卡尔的沉思》第 11 节中所确定的意义。诸种提供意义的原始意义所构成领域是先验的。应该注意到萨特放弃了这个术语(因为过于康德化?),可以说,人们在《存在与虚无》中不再能碰到这个术语。意识在《存在与虚无》中是根据它是被反思还是反思、对自我是位置性还是非位置性的来进行观察的。相反,自我的超越性始终是一个重要的论题。超越性和意向性事实上是互相关联的。“超越性是意识的构成结构”(《存在与虚无》28 页),这就是说,意识摆脱自身以奔赴种种对象。这就是著名的“任何意识都是对某物的意识”的含义。相对地说,对于意识,超越物被称作世界及其对象(身体的,文化的,等等),因为它们最终外在于意识,而他者对于意识是绝对的。

〔17〕关于意向性,参见《观念 I》,第 84 节《作为现象学首要主题的意向性》(法译本 282 页),还可参见《处境》第一卷中《胡塞尔现象学的一个重要观念:意向性》,32—35 页。

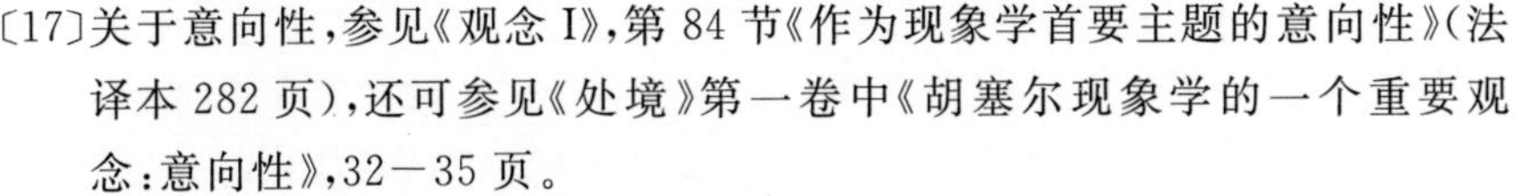

〔18〕关于现象学时间的自我构成,参见《时间的内在意识》(1904—1910,法译本第 105 页)第 39 节《意识流的持存和构成的双重意向性》,胡塞尔解释说:“意识流构成了它自己固有的统一。”

〔19〕参见《笛卡尔第四沉思录》,第 37 节《时间,任何自我根源的普遍形式》(法译本 63 页)。

〔20〕“通过实体,我要指自在存在的东西和通过自我设定的东西,就是说,观念为了形成不需要其他物的观念”(《伦理学》:第一部分,第Ⅲ定义)萨特说:“意识是一部分一部分成为意识的,它只能被自身限制。”(《存在与虚无》,导论,22 页)

〔21〕“因为涉及实存的绝对,而不是认识,这种意识存在类型避开了这著名的对立意见:一个被认识的绝对不再是绝对,因为它成了相对于人们从它那里获得的知识。事实上,这里的绝对不是在认识的基础上逻辑地构成的结果,而是经验的最具体的主体。它完全不相对于这种经验,因为它就是这种经验。依次这是一种非实体的绝对。”(《存在与虚无》23 页)

〔22〕“……超越性是意识的构成结构，也就是说生来就被并不是自身的存在支撑着。……意识在其存在中暗指一种非意识的、超现象的存在。……意识是这样一种存在：只要这个存在暗指着一个异于其自身的存在，它在它的存在中关心的就是它自己的存在。”（《存在与虚无》28—29页）

〔23〕“所有对对象的位置性意识同时又是对自身的非位置性意识。”（《存在与虚无》19页）

〔24〕“显现和存在在心理范围内没有任何区别……这些显象本身并不构成一个还要借助各种显象而显现的存在，这个存在通过这些显象显现。”（胡塞尔《作为严格科学的哲学》法译本83页）

“近代思想把存在物还原为一系列显露存在物的显象……存在和显现的二元论在哲学中显然不再有任何合法的地位……存在物的存在，恰恰是它之所显现。于是我们获得了现象的观念，诸如人们在胡塞尔或海德格尔的‘现象学’中所遇到的那种现象或‘相对—绝对者’观念……我们能对现象作这样的研究和描述，是因为它是它自身的绝对的表达。”（《存在与虚无》1—2页）

〔25〕《笛卡尔第四沉思录》所指示的方向是研究“作为单子的我的具体整体”，《笛卡尔第四沉思录》：“作为单子—逻辑主体间性的先验领域的规定。”

〔26〕有关胡塞尔作为原始领域的先验意识的观念时遇到的困难。德里达在《哲学研究》(1963)中发表的一篇文章中又提到：“Phanomenologische Psychologie. Vorlesungen Sommersemester 1925, Ed. Husserl, 1925。”德里达特别提到：“胡塞尔指出，我的先验的‘我’(Je)完全与我的自然和人的我不同。然而又不在任何地方与之区分……先验的我不是另一个。它尤其不是经验的我的形而上学或形式的幽灵。这就导致揭示其固有的心理的我的绝对幽灵式的‘我’的理论性和隐喻的形象。人们有时为了宣布先验还原和描述作者不合时宜的对象——即面对绝对先验自我的心理我——应该使用这样类似的语言。”

〔27〕比如，《时间的内在意识》附录Ⅻ：“内在意识和把握经历。”（法译本附录，179页）

〔28〕胡塞尔在《笛卡尔的沉思》中说：“我用‘我在’把握一种断然的自明性。”

〔29〕概括言之，意识的现象学分析区分了意识的三个等级：

1）第一等级处于未被反思意识的水平，对自我的非位置性意识，因为自我意识是对超越对象的意识。

和我思一起：

2)第二等级：反思着的意识对自身是非位置性的，但对被反思的意识是位置性的。

3)第三等级：是在第二等级上的正题活动，通过这种活动，反思的意识对自我变成位置性的。

换句话说，在第二等级，存在着对反思的未被反思的活动。至于未被反思的意识的自主性，在《存在与虚无》的导言中有很详尽的说明。

〔30〕在《观念 I》中，胡塞尔宣称现象学"要求一种新的、相对于经验中的自然态度和思想中的自然态度来说是完全改变了的态度方式"(法译本 6 页)：在第 31 节"自然设定的彻底改变"中，胡塞尔阐明了这个论点(法译本 96 页)。

〔31〕胡塞尔在《时间的内在意识》中呼唤非正题意识的非正题回忆。

〔32〕铁钦纳(1867—1929)，是英—美心理学家，冯特(Wundt，1832—1920)的学生，致力于实验心理学的研究，对盎格鲁·撒克逊心理学影响很大。主要作品有：《An outline of psychology》(1896)；《Lehrbuch der psychologie》(本书提到的)(1910—1912)；《Experimental psychology》(1927)。

〔33〕萨特在此通过"侧显"和"初露"参照了知觉的现象学的理论，德文为"Abschattungen"。参见《观念 I》41 节，法译本 130—134 页："由连续的显相复合体缓和侧显复合体构成的一个复合体系统必然属于同一物的一个'全侧面'。连续确证着其自身统一性的经验意识，在此系统中一切知觉内的对象因素，具有着自身的机体内被给予的特性，它们都在被规定的连续体中呈现或显现其侧面。"(法译本 132—133 页)比如，萨特在《想象》(第一部分，18 页)中把思想与知觉对立起来："问题是完全相异的现象，前者是意识到自身的知识，一下子就置身于对象的中心，另一个则是各种显象综合统一，缓慢地进行实践。"

〔34〕胡塞尔似乎已经感觉到这一点，但他没有停留在这种直观上。然而，在《观念 I》第 54 节中，他指出："当然，我们可以想象一个既无机体(而且似乎荒谬的是)也无精神的意识，即一个非人格的意识。这就是说，一个体验流，在其中没有作为诸意向经验统一体的机体、精神和经验的自我主体在其中被构成；在其中所有这类经验概念，以及因此在心理学意义上的体验(作为一个人的，一个活的自我的体验)的概念，是欠缺任何基础

的，而且无论如何没有任何有效性。”(法译本 182 页)

〔35〕胡塞尔永远不会承认这一点。

“在先验纯化体验领域的普遍本质特殊性中，真正具有首要地位的是每一体验与‘纯粹’的‘我’(Moi)的关系。每一‘我思’，在特定意义上的第一行为都具有‘我’(Moi)的行为的特征，我在行为中‘突显地生存着’……没有一种排除作用可取消我思的消除作用的‘纯粹’主体：‘指向于……’，‘关注于……’，‘对……采取态度’，‘受苦于……’，本质上必然包含着：它正是一种‘发自我的’，或在反方向上，‘朝着我的’东西——而且这个我是纯粹的我，没有任何还原可对其施加影响。”(《观念 I》，第 80 节，法译本 270 页：《体验与纯粹的我的关系》)

同样，《笛卡尔第一沉思录》第 8 节，18 页：在还原之后，“我作为纯粹的自我和我的我思的纯粹的流合在一起”。

〔36〕不同种类的自明性在《观念 I》第 3 节、后来又在《笛卡尔第一沉思录》第 6 节中得到确定。

〔37〕芬克：《Die Phénoménologische Philosophie E. Husserl in der gegenwartigen Kritik. Kantstudien》(1933)。

〔38〕“自爱是对自己的爱，同样是对所有为自我之物的爱。它使人成为自己的偶像并且使人们成为他人的暴君，如果财富为之提供各种方法的话。自爱永远不在自我之外栖息，只是像蜜蜂停在花朵上那样停留在陌生的主体之中。没有任何东西像欲望那样专制，那样隐藏着自身的目的。也没有任何东西像欲望的行为那样敏捷：它的灵活性不能表象，它的改革被看作是变形的改革，它的提纯可看作为化学的提纯。人们不能探测到它的深度，也不能穿透其深渊的黑暗。”(拉罗什富科：《箴言录》，1963 年版附录)

〔39〕有关意识的总是可能的、保证前反思的自主性的双重存在方式，参见《存在与虚无》导言。

〔40〕对欲望的现象学描述在《存在与虚无》(451—468 页)中有所发挥。

〔41〕同样，情绪是一种未被反思的行为，不是无意识的，而是意识到自身的非正题的行为，这就是在作为诸物的一种性质的世界上面自我超越和自我把握。“情绪是对世界的改造。”参见《情绪理论初探》32—33 页。

〔42〕关于弗洛伊德的无意识所提出的问题，参见《存在与虚无》“自欺”一章，88—93 页，第四部分第二章第一节“存在的精神分析法”，643—

663 页。

〔43〕萨特总是强调未被反思的意识的这种自主性，这种自主性在意识的基本意向性中找到自己的基础。这种未被反思物对反思物的本体优先性的观念在萨特以前的、特别是在《想象》(影像是前述谓的自明性)、《情绪理论初探》,《现象物》和《存在与虚无》中始终是中心论题，因为这种观念是消除任何唯心论的唯一彻底的途径。

〔44〕放荡者运用同样的方式像欲求这可欲求一对象那样，自己替代自己的欲望，并且因此毒化了欲望。无论如何，他使欲望承受了相对于幼稚欲望的重要改变。

〔45〕“noème”(noèmatique)和“noèse”的术语来自胡塞尔的现象学。参见《观念 I》第三部分第二章。萨特在《想象》中特意为之作了简化的规定：“把世界置于括弧中”的现象学并不因此丢弃世界。意识—世界的区分失去了意义。现在，这种断裂是另外的样子，人们把意识的真实成分的总体(质料和各种表达它的意向的行为)和另一方面寓居于这种意识之中的意义区分开来。具体的心理实在将被称作 noèse，而要寓居其中的意义则被称作 noème。比如，“被感知的开花的树”是我现有的感知的 noème。但是，这个属于每个意识的意向对象的意义自身没有任何真实的内容。

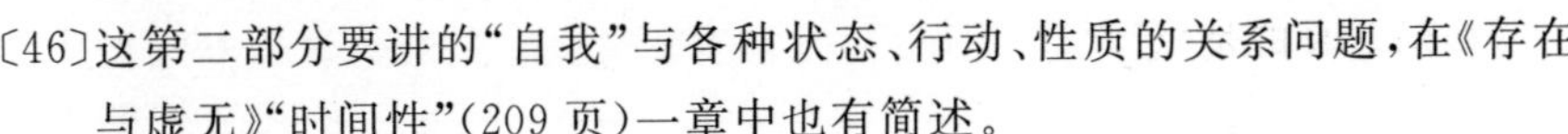

〔46〕这第二部分要讲的“自我”与各种状态、行动、性质的关系问题，在《存在与虚无》“时间性”(209 页)一章中也有简述。

〔47〕参见《存在与虚无》中有关作为我与他人关系可能性的“仇恨”的部分(481 页以下)。

〔48〕Erlebinis：被经历的经验

意向的体验

萨特在《想象》(144 页)的注释中把这个术语的意义归结到《观念》(36 节，法译本 115—116 页)，并且补充道：“Erlebinis，在法语中是不可翻译的，它源于动词 erleben。‘Etwas erleben’意味着‘经历某种事情’。Er-lebinis 具有相近于柏格森所取的‘Vécu’(体验)的意义。”

〔49〕“肯定物”和“可能物”是有关想象物研究的两个重要部分。唯有在向着物的冲动的自发运动中的我的“对……意识”才是肯定的。在第一等级中这些意识的悖论在于：它们同时被把握为纯粹的内在性和在外部向着诸物的爆发，不论是我的恨还是这张桌子，都始终是令人怀疑的，因为任何直观都永远不能只此一次地完整地向我提供这种对象。

〔50〕萨特在此第一次看到意识在神奇的过程中的显现。他后来(1939)研究过作为情绪的特别神奇的行为,这种行为面对一个粗暴侵犯它的世界是一种未被反思的逃逸,而它则要消除这个世界。

〔51〕关于“可能”,参见《存在与虚无》:“自为与‘可能’的存在。”(139页以下)关于潜在性,参见245页以下。

〔52〕萨特在此回到他在1937—1938年写的题为《心理》的现象学心理学论著的观点。在发现了“心理对象”的概念——这在他的有关自我的研究中已初见端倪——之后,又把它施用于不同的状态和情感之中。但是,他并不满意这种心理学,特别是由于它还是缺少在《存在与虚无》中得到发现的“虚无化”的概念。《心理》因此被放弃了。只有一部分在1939年发表,即《情绪理论初探》。关于这点,可参见西蒙娜·波伏瓦的《年华的力量》,326页。

〔53〕《存在与虚无》暗中延续了这种论题的结论。在《我和自我性的循环》中,自我最终来到自在的一边,这变成为超越性的原因,就像超越性就是在此被建立起来一样。“在《哲学研究》的一篇文章中,我们已经试图指出,自我并不属于自为。我们并不准备再谈这个问题。这里,我们只要指出自我的超越性的原因:作为体验的统一轴心,自我是自在,而不是自为。如果它真的是‘意识的一部分’,它本身在直接的半透明状态中就会是自身的基础了。而这样一来,它就有可能是他所不可能是的而又不可能是它所可能是的。这决不是‘我’的存在方式。实际上,我从‘我’那里所得到的意识是永远不会穷尽‘我’的,并且也不是这种意识使我来到世界上:我总是如同已经在那里的东西先于意识而被给定——同时又是作为必须逐渐被揭示的奥秘的拥有者而被给定的。因此,自我作为超越的自在,作为人的世界的一个存在者而不是作为意识的存在者向意识显现。”(147页)

〔54〕因为,完全不能肯定,在一种对物的知觉中,每种意识(对此物的诸种性质)一下子就与异于自身的物发生关系。事实上,既然恰恰存在未被反思的意识的自主性,那就什么都没有。

〔55〕胡塞尔在《时间的内在意识》中,举了抒情乐曲的例子(14节,法译本51—52页)。

〔56〕为了使世界在物的后面显现,我们对世界的习惯领会范畴必须爆发出来。这些范畴的把握实际上只向我们提供了科学的时空世界。但是,

有时，另一个世界会突然、而且赤裸裸地在破碎的工具后面出现。

〔57〕这又涉及《心理》一书，见注〔52〕。

〔58〕这样，在《存在与虚无》中，萨特把欲望描述为“着迷的行为”(463 页)。

〔59〕“正是这种暧昧性阐明了柏格森有关意识的绵延和‘相互渗透的多样性’的学说。柏格森在这里涉及的正是心理的东西，而不是被设想为‘自为’的东西。”(《存在与虚无》214 页)

〔60〕这就是为什么“自我”在意识对于自己的禁锢、即“自欺”的行为中作用重大的原因。参见《存在与虚无》，第一部分，第二章，85—114 页。

〔61〕萨特在《想象》中将分析对意义进行物化的意识活动的内容。比如，表情的模仿，从神奇的意义上讲可以包括对承载的意义和它在其中通过的物质(脸、肉体、身体)之间的关系：“模仿者是被拥有者。”(45 页)

〔62〕这样，“情欲危害了我，我与我的情欲同谋”(《存在与虚无》457 页)。

〔63〕参见《对存在的探索》(《存在与虚无》11—37 页)。

〔64〕按照《观念 I》(第 38 节，法译本 123 页)的说法，是在具体的我思行为(Cogitatio)统一之中。

但是，胡塞尔把我个人的体验的论题同化于纯粹的“我”的论题，二者对于共同反对世界的偶然论题是同样必要和无可怀疑的，也就是说，他不把“自我”置于先验心理的领域之中。

〔65〕1924 年在《法兰西新杂志》中发表、后又在《批评》(伽利玛出版社，1931)中以《论新世纪病》为题发表(14 页)。这是马塞尔·阿尔兰经常提及的论题。

〔66〕参见波伏瓦《一种暧昧的伦理学》(90 页以下)，《存在与虚无》：“自欺的行为”(94 页)。

〔67〕因为《存在与虚无》这样说：“我向他人显现为对象”(276 页)。

〔68〕参见《存在与虚无》，第三部分第二章：“身体”(368—430 页)。“我为我的身体的存在深度，就是我的最内在的‘内部’的这种永恒的‘外部’。”(419 页)

〔69〕关于笛卡尔的研究，参见《处境 I》(伽利玛出版社，1947)中的文章《笛卡尔的自由》(314—335 页)。

〔70〕布兰舒维克：《内在生命和精神生命》，那不勒斯国际哲学会通报(1924 年 5 月)，后收入《形而上学和道德杂志》(1925 年 4—6 月)和《哲学文集 2》(1954)。

〔71〕任何体验对于反思都是可以进入的：这个结论解释了受益于现象学描述方法的心理学的更新。这种方法实际上奠定了未被反思的反思的研究，也就是对情绪或想象物或《存在与虚无》的研究。

〔72〕萨特在此影射弗洛伊德主义者。

〔73〕在萨特写《自我的超越性》的时候，似乎还没有给自由这个概念像《存存与虚无》中那样广的内涵。否则，如何理解“意识害怕自己的自发性，因为意识是在自由之外感觉到自由的”这句话呢？在此，自由是通过与他影射的责任和意志的类比得到理解的，这就是说自由局限在先验伦理的领域。因此，按本书的术语，萨特从中看到直接自发性构建的先验领域内部的一种“特殊情况”。自由属于自发性，犹如一般的自我和心理属于无人称的先验意识。

在《存在与虚无》中，自由和自发性相互连接。自由和整个意识共存。当然，自由也是一个伦理概念——甚至是伦理学的重要概念——因为，我的行为是自由的表达。但是自由的行为基于更原始的自由，它只是它纯粹透明性中的意识结构本身。自由不止是一种概念，而是“我的存在的材料”，它一部分一部分地穿越我。参见《存在与虚无》Ⅵ，1：《存在与作为：自由》(508－642 页)。

〔74〕这个例子是从雅奈(Janet)的著作《神经官能症》那里借用的。

萨特在本书中有关雅奈著作以及一般意义上的无意识的论述得以限制把他与 1934 年的立场分离开的距离。应该指出这种变化的重要性。当萨特发表《波德莱尔》(1947)时，这种转变已经很明显。今天，他已经完整地考察了神经官能症和精神病提出的问题，而且他用的方法肯定不像 1934 年那样简单化。他特别认为他原来对雅奈治疗的“年轻妇女”的精神官能症的解释是幼稚的，他只说“在她的教养、过去、性格中没有任何对之可做解释的东西”，在此他似乎为辩证理解的概念抛弃了解释的概念，前者必然应该从这过去、这教养、这性格出发造成的。

波伏瓦在《年华的力量》一书中提供了萨特从前拒绝精神分析的原因。参见 25－26 页、133 页。

〔75〕由此产生自欺行为的本体论的可能性。

〔76〕参见《存在与虚无》Ⅳ.1，3：《自由与责任》，633 页以下，“由于命定是自由的，人把整个世界的重量担在肩上：他对作为存在方式的世界和他本身是有责任的”。

〔77〕参见《存在与虚无》,Ⅲ,1:《唯我论的障碍》(277 页),特别是第三章《胡塞尔,黑格尔,海德格尔》(288 页),萨特在其中发挥并批评了胡塞尔在《形式逻辑和先验逻辑》和《笛卡尔的沉思》中陈述的对唯我论拒斥。萨特承认《自我的超越性》指明的出路是不够的:"过去,我曾经相信通过否认胡塞尔的超越的'自我'的存在来逃避唯我论。我那时觉得,在我的意识中不会再保留有什么比他人更优越的东西,因为我从他的主体中排除了我的意识。但是,事实上,尽管我一直坚信超越的主体的假说是无用而有害的,抛弃它仍没有使他人存在的问题进一步。即使在经验的自我之外没有别的,只有对这个自我的意识,就是说一个无主体的超越领域,我对他人的肯定仍然需要并要求世界以外一个类似的超越的领域的存在;然后,逃避唯我论的唯一方式在这里还是证明我的超越的意识,在其存在本身中,是被别的同类意识的超世界存在影响的。这样,由于已把存在还原为一系列意义,胡塞尔能在我的存在和他人的存在之间建立的唯一联系认识的联系,因此他像康德一样不能逃避唯我论。"(291 页)

为了最终避免唯我论,应该求助黑格尔的直观,这种直观在于"使我在我的存在中依附他人"(307 页以下)。

〔78〕这是在《处境 I》中有关意向性的文章揭露的《食用哲学》。

〔79〕萨特在《唯物主义与革命》一文(《处境Ⅲ》,135－228 页)中曾经批评过这种荒谬的唯物论。

〔80〕《处境Ⅰ－Ⅳ》中有很多文章,如有关政治的大量访谈录,特别是后来的《辩证理性批判》证明在此从现象学观点确定的伦理和政治的方向是有连续性的。

附　　录

Ⅰ.萨特《存在与虚无》导言：对存在的探索

一、现象的观念

近代思想把存在物还原为一系列显露存在物的显象，这是一个很大的进步。这样做的目的是为消除某些使哲学家们陷入困境的二元论，并且用现象的一元论来取代它们。这种尝试成功了吗？

首先，这样人们确实摆脱了那把存在物中的内部和外表对立起来的二元论。如果人们真是那样把存在物的外表理解为一层掩盖对象真正本性的表皮，那就无所谓外表了。另一方面，如果这种真正的本性果真是事物的秘密实在，而由于它是被考察对象的“内部”，我们能够预感或假定它，但是永远不能达到它，那么，这种本性则同样不再存在了。显露存在物的那些显象，既不是内部也不是外表，它们是同等的，都返回到另一些显象，无一例外。例如，“力”不是掩藏在它的各种效应（加速度、偏差数等）背后的未知的形而上学的自然倾向，而是这些效应总体。同样，电流也没有隐秘的背面：它无非是显露它的许多物理－化学作用（电解、碳丝的白炽化，电流计指针的移动等）的总体。这些作用中的任何一种都不足以单独地揭示电流。但是它也不表明**它自己背后**有什么东西：

它只表明它自身和整个系列。因此，存在和显现的二元论在哲学中显然不再有任何合法的地位。显象返回到整个显象系列，而不是返回到某个把存在物的整个**存在**吸收到自身中的隐藏着的实在。并且显象本身也不是与这个存在不一致的显露。只要人们相信本体的实在性，就已表明了显象是纯粹否定的东西。它已是“不是存在的东西”；它已只不过是幻觉和错误的存在。但是这个存在本身也是借来的，它本身已是一个虚假外表，而且，人们所面临的最大困难，就是在显象中保持足够的凝聚力和存在，以使它本身不致被吸收到存在中去。但是如果我们一旦摆脱了尼采所谓的“景象背后的世界这幻觉”，如果我们不再相信“显象背后的存在”，那么显象就成了完全的肯定性，它的本质就是这样一种“显现”，它不再与存在对立，反而成为存在的尺度。因为存在物的存在，恰恰是**它之所显现**。于是我们获得了**现象**的观念，诸如人们在胡塞尔或海德格尔的“现象学”中所遇到的那种现象或“相对一绝对者”的观念。现象仍然是相对的，因为“显现”这种说法在本质上假设了有某个接受这种显现的人。但是它没有康德的现象(Erscheinung)概念所包含的双重相对性。它并不表明它背后有一个真实的，对它来说是绝对的存在。现象是什么，就绝对是什么，因为它就是**像它所是的那样**的自身揭示。我们能对现象作这样的研究和描述，是因为**它是它自身的绝对的表达**。

在此同时，潜能与活动的二元性也消失了。活动就是一切。在活动背后，既没有潜能，也没有“潜在的持久性质”(exis)[①]和效

① 源于古希腊语 Ἕξις，应为 hexis，萨特可能忽略了磨擦音而写成 exis。——英译者

力(vertu)。例如,我们拒绝在说普鲁斯特"有天才"或"是"天才的意义下把"天才"理解为创作某些作品的特殊能力,而在创作中,这种能力又并未完全耗尽。普鲁斯特的天才,既不是孤立地被考察的作品,也不是产生作品的主观能力,而是作为人的各种显露之总和的作品。最终,我们同样能否认显象和本质的二元论。显象并不掩盖本质,它揭示本质,它就是本质。存在物的本质不再是深藏在这个存在物内部的特性,而是支配着存在物的显象序列的显露法则。这就是系列的原则。彭加勒的唯名论把物理的实在(例如电流)定义为它的各种显露的总和。杜恒有理由把他自己的理论和这种唯名论对立起来,他把这实在概念看成这些显露的综合统一。当然,现象学完全不是唯名论。然而,作为系列原则的本质显然只是诸显象的联系,就是说,本质自身就是一种显象。这正说明何以有对本质的直观〔例如胡塞尔的本质直观(Wesenschau)〕。于是,现象的存在显露其自身,它就像显露它的存在一样显露它的本质。它无非是把这些显露紧密联系起来的系列而已。

这是不是说,把存在物还原为它的各种显露,我们就成功地消灭了一切二元论呢?看来倒不如说我们把一切二元论都转化为一种新的二元论:有限和无限的二元论。事实上,存在物不可能还原为显露的一个有限系列,因为任何显露都是对一个处在经常变动之中的主体的关系。尽管一个对象只是通过一个单一的渐次显现(abschattung)揭示自身,然而只要有一个主体存在,这一事实便意味着可能出现对这个渐次显现的多种看法。这就足以把被考察的渐次显现的数目增多到无限。此外,如果显现的系列是有限的,这就意味着最初的那些显现没有再度显现的可能性,这是很荒谬的;或者意味着这些显现可以同时全部出现,这就更加荒谬。我们应懂得,事实上,我们的现象理论以现象的客观性取代了事物的实在性,并且是求助于无限性来建立这种客观性的。这只杯子的实在性在于:它在那里,它不是我。我们可以这样说明这一点,它的显现系列是由一个不以我的好恶为转移的原则联结起来的。但是当显现还原为其自身,并且无须它所属的那个系列时,它便只能是一种充实直观和主观的东西,一种影响主体的方式。如果现象必须显示为超越的,那么主体本身就必须超越显现而趋向显现所属的整个系列。主体应该通过他对红色的印象去把握红本身。红本身就是所说的系列原则;还应当通过电解等去把握电流本身。但是如果对象的超越性的基础是显现必须始终使自己被超越,那么结果便是:一个对象原则上是把它的显现系列假定为无限的。因此,有限的显现是在它的有限性中表明自身的,但是为了把它当作"显现的东西的显现",它同时要求被超越而走向无限。这种新的对立,"有限和无限",或者不如说"有限中的无限",便取代了存在和显现的二元论:显现的东西,其实只是对象的一个侧面,而且对象整个地在这个侧面之中,又整个地在这个侧面之外。所谓整个地在其中是指它在这个侧面之中将自己显露出来,它表明自身是显现的结构,这结构同时又是那系列的原则。对象整个地在其外,是因为这个系列本身永远不显现,也不可能显现。于是,外表与内部,不显现的存在与显现又重新对立起来。同样,某种"潜能"复又占据了现象,甚至把自己的超越性赋予现象:这是一种被扩展为一个实在的,或可能的显现系列的潜能。普鲁斯特的天才,即使还原为已产生的作品,也仍然不等于人们对这部作品所能取的,以及称

为普鲁斯特作品的“不可穷尽性”的那无限可能的观点。但是，这不是那种包含着超越性和关涉着无限性的不可穷尽性，当人们在对象中把握它的时候，这不就是一种“潜在的持久性质”(exis)吗？本质最终与显露它的个别显象根本分离了，因为本质原本就是那个应该能用那些个别显露物的无限系列显露的东西。

这样用一个作为一切二元论基础的二元论来取代各式各样的对立，我们是有所得还是有所失？我们马上就会讨论这一点。现在可以说，“现象理论”的第一个结论就是，显现并不像康德的现象返回到本体那样返回到存在。因为显现背后什么也没有，它只表明它自身(和整个显现系列)，它只能被它自己的存在，而不能被别的存在所支持，它不可能成为一层将“主体存在”和“绝对存在”隔开了的虚无薄膜。如果显现的本质就是一种不再与任何存在对立的“显现”，那自然就产生了关于这个显现的存在的问题。我们这里研究的正是这个问题，它将是我们探索存在与虚无的出发点。

二、存在的现象和现象的存在

显现不是由任何与它不同的存在物来支持的，它有自己特有的存在。因此我们在探讨本体论时遇到的第一个存在，就是显现的存在。它本身是一种显现吗？初看似乎是的。现象是自身显露的东西，而存在则以某种方式在所有事物中表现出来，因为我们能够谈论存在，并且对它有某种领会。因此应该有一种存在的现象，也可以写成存在的显现。存在将以某种直接激发的方式(如厌烦、恶心等)向我们揭示出来，而且本体论将把存在的现象描述成它自身显露的那样，也就是说不需要任何中介。然而，对一切本体论事先应提出这样一个问题：这样达到的存在的现象与现象的存在是同一的吗？就是说，向我揭示和显现出来的存在，其本性与向我显现的存在物的存在是一样的吗？问题似乎不难解决：胡塞尔曾指出本质的还原如何始终是可能的，就是说如何始终能够超越具体的现象走向现象的本质。海德格尔也认为“人的实在”(réalité humaine)是“本体状－本体论的”(ontico-ontologique)[①]，就是说“人的实在”总能超越现象走向它的存在。但是从单个对象到本质的过渡是从同质物到同质物的过渡。这和从存在物到存在的现象的过渡是一回事吗？超越存在物走向存在的现象，是否就是走向它的存在，就像人们超越特殊的红色走向它的本质一样？让我们进一步考察一下。

在一个单个的对象中，我们总能区别出诸如颜色、气味等性质来。从这些性质出发，人们总能确定它们包含的本质，正像符号包含意义那样。“对象－本质”总体构成一个有机的整体：本质不在对象中，而是对象的意义，是把它揭示出来的那个显现系列的原则。但是存在既不是对象的一种可以把握的性质，也不是对象的一种意义。对象并不像返回到意义那样返回到存在：例如，不能把存在定义为在场(présence)——因为不在场(absence)也揭示存在，因为不在那里仍然是存在。对象不拥有存在，它的实存既不是对存在的分有，也不是完全另外一类关系。它存在，这是定义它的存在方式的唯一方法；因为对象既不掩盖存在，也并不揭示存在：它不掩盖存在，是因为试图撇开存在物的某些性质去寻找它们背

① Ontico-ontologique，是用希腊文 ontons(实在，本体)造的接头形容词。——译注

后的存在是徒劳的，存在同等地是一切性质的存在；它不揭示存在，是因为求助对象来领会它的存在是徒劳的。存在物是现象，就是说它表明自身是诸性质的有机总体。存在物是其本身，而非它的存在。存在只是一切揭示的条件：它是为揭示的存在而非被揭示的存在。那么，海德格尔所说的那种向本体论的东西的超越又是什么意思呢？当然，我们能够超越这张桌子或这把椅子走向它的存在，并且能提出“桌子－存在”或“椅子－存在”之类的问题。但是，这时我的视线就从“桌子－现象”上移开，去确定“存在－现象”。而这个“存在－现象”便不再是所有揭示的条件——它本身就是一个被揭示者，就是一个显现，而作为这样一种显现，它反过来又需要一个它能据以被揭示出来的存在。

如果现象的存在不转化为存在的现象，而我们又只有通过考察这种存在的现象才能对存在说点什么，那么，首先就应该建立那种使存在的现象和现象的存在统一的确定关系。如果我们考虑到，以上所说的一切都直接受到对存在的现象的揭示性的直观的启示，建立二者之间的这种关系可能就容易得多了。倘若不把存在看成揭示的条件，而是把存在看成能以概念来确定的显现，我们一开始就懂得了，单靠认识不能为存在提供理由，就是说，现象的存在不能还原为存在的现象。总之，在安瑟伦和笛卡尔所谓本体论证明意义上存在的现象才是“本体论的”。它是对存在的呼唤。作为现象，它要求一种超现象的基础。存在的现象要求存在的超现象性。这并不意味着存在是隐藏在现象背后的（我们已经看到现象不可能掩藏存在），也不意味着现象是一种返回到独特的存在的显象(现象只作为显象存在,就是说,现象在存在的基础上表达自身)。言下之意,虽然现象的存在与现象外延相同,却不能归为现象条件——这种条件只就其自身揭示而言才存在——因此,现象的存在超出了人们对它的认识,并为这种认识提供基础。

三、反思前的我思和感知的存在

人们也许会说,上述困难均与某种关于存在的概念有关,均与某种同显现的概念完全不相容的本体论的实在论方式有关。显现存在的尺度,事实上就是显现显现。由于我们一直把实在囿于现象,我们就可以说现象按它显现的样子存在着。为什么不把这看法推到极端,说显现的存在就是它的显现呢?因为那只是贝克莱的"存在就是被感知"这句老话的改头换面而已。事实上,胡塞尔正是这样做的,完成现象学的还原之后,他把"作为对象的意识"(noèma)当作非实在的,并且宣称它的存在就是被感知。

贝克莱的著名公式似乎不能令人满意。这是因为两个根本的理由,一个是关于被感知的本性;另一个则是关于感知的本性。

"感知"的本性——如果说所有形而上学事实上都假设一种认识理论,那么反过来,所有认识理论也都假设着一种形而上学。这至少包含着这样一层意思,就是一种汲汲于把存在还原为关于存在的认识的唯心主义,应该事先以某种方式保证认识存在。反之,倘若谁一开始就把认识作为既定的,而不曾想为认识的存在奠一基础,并就此断言"存在就是被感知",则"被感知—感知"总体就会由于缺少牢固的存在的支持,而分崩离析落入虚无。因此,认识的存在不能以认识为尺度，也不归为“被感知”。[①] 因此，感知和被感知的“存在一基础”本身不能归为被感知：它应该是超现象的。于是我们回到了我们的出发点。尽管如此，我们总可以同意说，被感知返回到显现法则所不可企及的存在，但我们仍坚持说这个超现象存在是主体的存在。因此，被感知会返回到感知者——被认识的东西会返回到认识，而认识会返回到那个作为存在，而非作为被认识的进行认识的存在，就是说会返回到意识。胡塞尔就是这样理解的。因为，如果“作为对象的意识”在他看来是“作为活动的意识”(noése)的非实在对应物，事情就是如此；但如果作为对象的意识的本体论法则就是被感知，则相反。作为活动的意识在他看来就是实在，它的主要特征就是对认识它的反思表现为“先已在此”的。因为认识主体存在的法则，即“是有意识的”。意识不是一种被称作内感觉或自我认识的特殊认识方式，而是主体中的超现象存在的一维。

让我们尽力深入理解存在的这一维。我说，意识是作为存在，而非作为被认识的进行认识的存在。这意思是说，如果建立这种认识，就应该放弃认识的第一性。无疑，意识能进行认识和认识自己。但是它本身和反躬自认不是一回事。

胡塞尔曾指出，一切意识都是对某物的意识。这意味着，意识是一个超越的对象的位置(position)，或者可以说，意识是没有“内

---

① 无疑，一切以从人的实在得来的另一种态度来取代“感知”的努力都同样没有效果。如果谁认为存在是在“作为”中被揭示于人，那么，他就必须保证活动之外的作为的存在。

容”的。必须抛弃那些按选定的参照系构成“世界”或“心理”的中性“与料”。一张桌子，即使是作为表象，也不在意识中。桌子在空间中，在窗户旁边，如此等等。事实上桌子的存在对意识来说是不透明的中心；清点一事物的全部内容需要一个无限的过程。把这种不透明性引入意识，就会把意识自己可以列出的清单推向无限，就会把意识变成一个物件，并且否定我思。因此，哲学的第一步应该把事物从意识中逐出。恢复意识与世界的真实关系，这就是指，意识是对世界的位置性意识。所有意识在超越自身以图达到对象时都是位置的，毋宁说它干脆就是这个位置。我的现实意识中所有的意向，都是指向外面，指向桌子的；我的所有判断或实践活动，我此刻的所有情感，都超越自身，指向桌子，并被它所吸引。并非所有意识都是认识（例如，还有情感性的意识），但是任何认识意识都只能是对它的对象的认识。

然而，使认识意识成为对它的对象的认识的充分必要条件是：它意识到自身是这个认识。说这是必要条件，是因为如果我的意识没有意识到是对桌子的意识，那么它就会意识到这张桌子，而没有意识到是这种意识，换言之，它是对自我无知的意识，一种无意识的意识——这是荒谬的。说这是充分的条件，是因为我意识到有对这桌子的意识，这对我事实上意识到它已经足够了。这当然不足以让我肯定这张桌子自在地存在——但也足以肯定它为我地存在。

这种意识的意识是什么呢？我们太受认识至上幻觉的影响，以至立即就把意识的意识当作斯宾诺莎式的观念的观念，就是当作认识的认识。阿兰[①]由于不得不解释"知,就是意识到在知"这种自明性,才用这样的话来表述它:"知,就是知人在知。"这样,我们就给反思或对意识的位置性意识下了定义,甚至早给对意识的认识下了定义。这将是一个完整的意识,它指向非它的某物,就是说指向被反思的意识。因此,它将超越自身,并且,作为对世界的位置性意识,它将完完全全投入对其对象的追求之中。不过这个对象本身就是一个意识。

看来,我们无法同意这样来解释意识的意识。把意识还原为认识,事实上意味着把主体－对象的二元论引入意识,这种二元论是认识的典型形态。但是,如果我们接受认识者－被认识者成对的法则,就必须要有第三项,以便使认识者反过来成为被认识者,而我们就将面临这样一个两难推理:要么我们在"被认识者——被认识的认识者——认识者的被认识的认识者——……"的系列中的任意一项上停下来。那时,现象总体就成为未知者,就是说,我们总是遇到一种非自我意识的反思和一个末项——要么必须肯定一种无限的后退(观念的观念的观念……),这是荒谬的。因此,这里在本体论上确立意识的必要性时又增加了一个新的必要性:必须在认识论上确立意识。这不是必须把成对法则引入意识吗?自我意识不是成对的。如果要避免无穷后退,意识就必须是自我与自我之间一种直接的,而非认识的关系。

此外,反思的意识将设定被反思的意识为自己的对象:在反思活动中。我对被反思的意识作出一些判断:我为它感到羞耻,我为

① 阿兰(Alain,1868－1951),法国哲学家、散文家。——译注

它感到骄傲，我希望它、我否认它，等等。我对感知活动的直接意识既不能使我作出判断，也不能使我有所希望或感到羞耻。它不认识我的感知，也不设定它：我的现实意识中的所有意向都是指向外面，指向世界的。反过来，对我的感知的这种自发的意识是我的感知意识的构成成分。换句话说，所有对对象的位置性意识同时又是对自身的非位置性意识（conscience non positionnlle）。如果我数一下这个盒子里的香烟，我便有了揭示这堆香烟的客观性质的印象：它们是一打。这种属性对我的意识显现为存在于世界中的性质。对数它们，我完全可能根本没有一种位置性意识。那我就没有“认识到我在数”。这种情况可以从下述事实得到证明：孩子们能够自发地做出加法，事后却不能解释他们怎么会做的：皮亚杰[①]的试验证明了这一点，它是对阿兰的“知，就是知人在知”公式极好的反驳。然而，当我发现香烟是一打时，我对我的相加活动有一种非正题的意识。事实上，如果有人问我：“你在那里做什么？”我会立即回答：“我在数。”这个回答，不仅针对我通过反思所能达到的这一瞬间的意识，而且针对未经反思到而发生着的意识，针对我刚刚过去的永远不被反思的意识。因此，反思一点也不比被反思的意识更优越：并非反思向自己揭示出被反思的意识。恰恰相反，正是非反思的意识使反思成为可能：有一个反思前的我思作为笛卡尔我思的条件。同时，恰恰是对计数的非正题意识才是我的相加活动的真正条件。如其不然，相加活动如何会是我的诸意识的统一主题呢？这个主题要想先于统一和认识的整个综合系列，

① 皮亚杰（Piaget，1896－1980），瑞士心理学家。——译注

它对自身呈现时，就不能作为一个物件，而只能是像海德格尔所说的作为一种“揭示—被揭示”来存在的活动意向。那么，为了计数，就要对计数有所意识。

也许有人会说，这是在兜圈子。因为，难道不应该是我事实上在计数才使我能有对计数的意识吗？这是对的。然而，这不是兜圈子，或者不如说，存在于“圈子中”正是意识的本性。我们能够这样表达上述意思：一切有意识的存在都是作为存在着的意识存在的。我们现在懂得了为什么对意识的原初意识不是位置性的：因为它与它意识到的那个意识是同一个东西。它同时规定自己是对知觉的意识和知觉。为了符合语法要求，我们至此还不得不说“对自我的非位置性意识”。但是，由于“对自我的”这种表述仍然暗示着认识性观念，我们不能再用它了。（以后我们将把那个“对……的”放在括号里，以便表明这只是为了符合语法要求。）

不应把这种（对）自我（的）意识看成一种新的意识，而应看成使对某物的意识成为可能的唯一存在方式。正如广延对象不得不按空间三维存在一样，意向、快乐、痛苦都只能作为（对）自身（的）直接意识而存在。意向的存在只能是意识，否则意向就会成为意识中的物件。因此，这里不应该理解为：一方面，某种外在的原因（机体的痛苦、无意识的冲动，以及其他体验）能够决定一个心理事件（例如决定一种快乐）的产生；另一方面，在其物质结构中被这样现定的那个事件将不得不作为（对）自我（的）意识产生。这将使非正题的意识变成位置性意识的一种性质——（在知觉，即对这张桌子的位置性意识会附带有（对）自我（的）意识的性质的意义下），而且会因此重新陷入认识理论至上的幻想。这会使心理事件成为一个物件，并且就像我能以玫瑰色来质定这张吸墨纸那样，我也能以“有意识的”来质定这心理事件。快乐即使在逻辑上也不能区别于对快乐的意识。(对)快乐(的)意识作为快乐自己存在的真正的方式，作为构成快乐的质料，而并非作为那种事后强加在享乐主义质料上的形式，它对快乐是构成性的。快乐不可能在意识到快乐“之前”存在——即使以潜在性或潜能的形式也不行。潜在的快乐只能作为(对)潜在的存在(的)意识而存在，意识的潜在性只有作为对潜在性的意识而存在。

如前所示，与此相应，应该避免用我对快乐的意识来定义快乐。这会落入一种意识的唯心主义，它会通过迂回的道路又把我们引回到认识至上那里去。快乐不应该消失在它(对)自身(的)意识背后：它不是表象，而是具体、充实而绝对的事件。它不是(对)自我(的)意识的一种性质，(对)自我(的)意识也不是快乐的一种性质。并不是先有一种(无意识的或心理的)快乐，然后这种快乐接受了意识这种性质，就像射进一道光芒似的；也不是先有一种意识，然后这种意识接受了“快乐”这一感受，就像在水里加了颜料似的，而是有一个不可分割的、不可分解的存在——这个存在根本不是支撑着各种碎片的实体，而是一个通体都为实存的存在。快乐是(对)自我(的)意识的存在，而(对)自我(的)意识是就快乐的存在之法则。海德格尔在这一点上说得好，他写道(真正说来，他是在谈论此在〔Dasein〕而非谈论意识时)：“就一般可能谈论的而言，这个存在的‘如何’(essentia 本质)应该从它的存在(existentia 实存)出发来设想。”这意味着意识并非作为某种抽象可能性的个别例证而产生，而是在从存在内部涌现出来时，意识创造并保持着它

的本质,就是说调配着它的各种可能性。

这也就是说,意识的存在和本体论证明向我们揭示的存在是相反类型的:因为意识不可能先于存在,它的存在是一切可能性的来源和条件,正是它的存在包含着它的本质。胡塞尔在谈到意识的"事实必然性"时对这点表述得很妙。要有快乐的本质,应该首先有(对)这个快乐(的)意识这个事实。企图求助于所谓意识的法则是徒劳的,这些法则联结起来的总体构成意识的本质:一个法则是意识的一个超越的对象;可以有对某个法则的意识而不能有某个意识的法则。根据同样的理由,也不可能赋予意识异于它本身的动因。否则就必须设想,意识,就其是一个结果而言,是非自我(的)意识的。从某个方面说,它就必须存在而又没有意识到自己存在。我们将落入一种经常发生的臆向中,即总认为意识是半意识的或被动的。但意识就是完完全全的意识,因此它只能被它自身所限制。

不应该设想意识的这种自我规定是一种本原,是一种生成,因为那就必须假设意识先于它自己的存在。同样不应该设想这种自我创造是一种活动,否则,意识事实上就会是(对)作为活动的自我(的)意识,这是没有的事。意识是充实的存在,而且这种自己对自己的决定是一种本质特征。不滥用"自因"的表述是完全明智的,因为自因总是假设一种进展,一种"自因"对"自果"的关系。干脆说意识是自己存在的,这会更准确些。然而也无须据此把意识理解为"出自虚无"。意识之前不可能有"意识的虚无"。在意识之前,只能设想充实的存在,其中任何成分都不能归结到一个不在场的意识。要有"意识的虚无",就必须有一个曾经存在而且不再存在的意识,以及一个作为见证的意识提出第一个意识的虚无以便进行认识的综合。意识先于虚无且“出于”存在。

人们在接受这些结论时可能会有些困难。但是如果再仔细地考虑一下,这些结论便将显得十分清楚:奇怪的不是有依赖自己的实存,而是没有这类实存。被动的实存才是真正不可思议的,也就是说一种既没有力量产生自己,也没有力量自我保存,然而又永久继续下去的实存才是不可能的。根据这个观点,再没有什么比惯性原则更不可理解的了。确实,如果意识能“来自”某种事物的话,那它会“来自”何处呢?是来自无意识的或生理的混沌状态吗?但是如果人们反过来问,这种混沌又如何能存在,它从哪里获得它的实存,我们就会发现自己又面临着被动实存的概念,就是说我们绝对无法理解,这些非意识的与料,既然不是从自身中获得它们的实存的,怎么又竟然能使意识延续下去,并且甚至能找到力量来产生一个意识。正是这一点充分说明了“世界偶然性”的证明为什么曾风行一时。

这样,由于放弃了认识的至上性,我们发现了进行认识的存在,并发现了绝对,也就是17世纪理性主义者给予定义并用逻辑构成的认识对象的绝对,因而不会被下述著名的非难所驳倒:一个被认识的绝对不再是绝对,因为它成了相对于人们从它那里获得的知识的。事实上,这里的绝对不是在认识的基础上逻辑地构成的结果,而是经验的最具体的主体。它完全不相对于这种经验,因为它就是这种经验。因此这是一种非实体的绝对。笛卡尔唯理论本体论的错误,就是没有看到,如果以实存先于本质来定义绝对,就不可能设想绝对是实体。意识没有实体性,它只

就自己显现而言才存在，在这种意义下，它是纯粹的"显象"。但是恰恰因为它是纯粹的显象，是完全的虚空（既然整个世界都在它之外）。它才能由于自身中显象和存在的那种同一性而被看成绝对。

四、被感知物的存在

我们的探索似乎已经到了尽头。我们曾把事物还原为由它们的显象结合而成的整体，然后我们证实了这些显象要求一个本身不再是显象的存在。"被感知物"使我们回溯到一个"感知者"，对我们来说他的存在表现为意识。于是，我们达到了认识的本体论基础，达到了所有其他显象都对之显现的第一存在，那个绝对——对他而言一切现象都是相对的。这不是康德理解的那种主体，而是主观性本身，是自我对自我的内在性。从这时起，我们避开了唯心主义：对唯心主义来说，存在是由认识衡量的，这使它受二元性法则的支配。只有被认识的存在，关键的是思想本身。思想只有通过它自己的产物显现出来，也就是说，我们总是只把思想当作已产生的那些思想的含义；探索思想的哲学家应当考察那些既定的科学，从中获得作为使这些科学成为可能的条件的思想。我们则相反，我们已把握了一种脱离认识，并且为认识奠定基础的存在，已把握了一种根本不是作为已被表达出来的那些思想的表象或含义，而是直接按其本来面目被把握的思想——"把握"这种方式不是一种认识现象，而是存在的结构。此时我们是处在胡塞尔现象学的地基上，尽管胡塞尔本人并不总是忠于他最初的直觉的。我们满意了吗？我们虽然已经遇到了一个超现象的存在，但它是否实际上是那个可将存在的现象回溯到其身上的存在？它确实是现象的存在吗？换句话说，意识的存在是否足以为那个作为显象的显象的存在提供基础？我们已经把显象的存在从现象中抽取出来，以便把它交给意识，并且指望意识随后会把这存在归还给现象。意识能做到这点吗？当我们考察被感知物的本体论要求时，就会找到答案。

首先要指出，既然事物被感知，就有一种被感知的事物的存在。即使我想把这张桌子还原为各种主观印象的综合，也至少应该指出，它是通过这种综合揭示自身为一张桌子的，桌子是这个综合的超越极限，是它的根据和目的。桌子在认识之前，并不能与关于桌子的认识等同，否则它就成了意识，就成为纯粹的内在性，就不成其为桌子了。同样，即使根据纯粹的理性划分方法，也应该把桌子与把握它的主观印象的综合区分开来，至少不能认为桌子就是这个综合；因为这会把桌子还原为一种综合联结活动。因此，既然被认识物不能吸收到认识中去，我们就应该承认它是一个存在。人们会对我们说，这个存在就是被感知。我们首先要承认：被感知物的存在不能还原为感知者的存在，就是说不能还原为意识，正如桌子不能还原为各种表象的联系一样。我们至多只能说，被感知的存在是相对于感知者的存在的。但是这种相对性并不必然就放弃对被感知物的存在的考察。

然而，被感知的方式就是被动。因此，如果现象的存在寓于它的被感知之中，这个存在就是被动性。既然这个存在被还原为被感知，相对性和被动性就是这个存在所特有的结构。什么是被动性呢？当我经历了一种变化而我又不是这种变化的根源——就是说既不是这变化的基础，又不是它的创造者时，我是被动的。于是，我的存在支撑着一种不是来源于我的存在的存在方式。不过，为了做这样的支撑，我必须实存，并且，因此，我的实存总是处于被动性的另一面。例如，“被动地支撑”是我的一个行为，它像“坚决地拒绝”一样显示了我的自由。如果我确实总是“已被触犯的人”，我就必须坚持我的存在，即对我本身的实存感到痛苦。但是正因为如此，我就以某种方式复活了，我承担起对我的触犯，面对触犯我不再是被动的了。因此，我面临的是两者必居其一的选择：或者是我在我的实存中不是被动的，那么我就成了我的各种感受的基础，尽管我最初不是它们的根源；或者是连我自己的存在也受到被动性的影响，我的存在是一个被接受的存在，那么，一切就都落入虚无了。因而被动性是一种双重相对的现象：既相对于行动者的触动性，又相对于受动者的存在。这意味着被动性不可能涉及被动的存在者的存在本身：它是一种存在对另一种存在的关系，而不是存在对虚无的关系。感知不可能影响存在的**感知作用**，因为要受影响，感知必须以某种方式已被给定，因此必须在获得存在以前就存在。我们可以在下述条件下设想一种创造：被创造的存在复活了，脱离了创造者，以便立即自我封闭起来，并承担起自己的存在：正是在这个意义下，一本书与它的作者相对立而存在。但是如果这种创造活动必须无止境地继续下去，如果这种被创造的存在的最细小部分都需要被支撑，如果它没有任何真正的独立性，如果它**本身**只是虚无，那么这种创造物便与它的创造者没有任何区别，它同化于创造者了；我们这里谈的是一种虚假的超越性，这个创造者甚至不能幻想脱离他的主观性。[①]

此外,受动者的被动性,要求施动者具有相等的被动性——这正是作用与反作用的原理。正因为我的手能够被别人的手抓住、击伤,我的手才能去抓住和击伤别人的手。我们能赋予感知或认识以一些什么样的被动因素呢?感知和认识是完全的能动性,自发性。这正是因为意识是纯粹的自发性,因为没有什么东西能侵蚀它,它也不能对任何东西起作用。因而,存在就是被感知(esse est percipi)的原则要求意识这种不能对任何东西起作用的纯粹自发性把存在给予一个超越的虚无,在此同时却又保持它于虚无状态中。这简直是荒唐!胡塞尔曾试图通过把被动性引入"作为活动的意识"来应付这些责难,认为这是经验的材料(hylé)或纯粹的经验流和被动综合的质料。但是他这样做,只是在上述困难之上又加了一层困难。其实,他又引入了那些中性与料,那种我们刚才指出的不可能性。它们肯定不是意识的"内容",而只能使它们自身显得更加不可理解。事实上,"材料"不可能是意识,否则它就会消散于一种半透明性中,也不能提供那种印象的反抗着的基础,这基础应向着对象而被超越。但是如果"材料"不属于意识,它又从哪里获得其存在和不透明性呢?它如何能同时保持事物不透明的反抗和思想的主观性呢?它的存在(esse)不可能来自被感知(percipi),因为它甚至没有被感知,因为意识超越它而走向对象。但是如果它只是从其自身获得存在,我们就会再一次遇见意识与

① 正是由于这个理由,笛卡尔的实体学说才在斯宾诺莎主义中得到逻辑的完成。——原注

独立于它的存在物之间的关系这一无法解决的难题。而且即使我们同意胡塞尔的说法，承认“作为活动的意识”有一个材料层，也无法设想意识如何能超越这种主观的东西走向客观性。胡塞尔以为把物的特性和意识的特性给予了这种“材料”，会有助于两者的彼此过渡。但是他只不过创造了一个杂交的存在，这种存在既遭到了意识的否定，又不能作为世界的一部分。

但是，这样看来，被感知还意味着感知作用（perceptum）的存在法则是一种相对性。能不能设想被认识物的存在是相对于认识的呢？对一个存在物来说，存在的相对性意味着什么呢？只不过意味着这个存在物既在别的事物中，就是说在一个它所不是的存在物中有其存在；又在它自身中有其存在。认为一个存在外在于它自己当然是不可思议的，即使有人据此说这个存在是它自己的外在性也不行。但是这里的情况并非如此。被知觉的存在是在意识之前，意识不可能达到这个存在，这个存在也不可能渗入意识，而且因为这个存在是与意识隔绝的，它也就与它自己的实存相隔绝地存在着。按照胡塞尔的方式，把被感知的存在当作一个非实在的东西，也是毫无用处的；即使作为非实在的东西，它仍应存在。

因此，相对性和被动性这两个规定能够与存在方式有关，但却无论如何不能应用于存在。现象的存在不能是它的被感知。意识的超现象存在不能为现象的超现象存在奠定基础。这里我们看到了现象学者的错误：他们正确地把对象还原为它的各种显象的结合起来的系列，然而他们却相信这样一来就已经把对象的存在还原为它的存在方式的序列了。因为他们正是指出已经存在着的许多存在之间的关系，所以他们才用只适用于存在方式的概念来解释存在。

五、本体论证明

存在还没有得到应有的估价。我们相信,因为发现了意识存在的超现象性,所以不必把超现象性给予现象的存在。我们将看到,事情完全相反,正是这种超现象性要求现象的存在有超现象性。有一种不是从反思的我思,而是从感知者反思前的存在获得的“本体论证明”。这就是现在要讨论的问题。

任何意识都是对某物的意识。意识的这个定义可以从两种非常不同的意义上来理解:可以理解为意识是其对象的存在的构成成分,也可以理解为意识在其最深刻的本性中是与一个超越的存在的关系。但是,第一种理解是不攻自破的:对某物有所意识,就是面对着一个非意识的、具体而充实的在场。当然,一个人也能对不在场有所意识。但是这个不在场说到底必然作为在场来显现。我们看到,意识是一种实在的主观性,而印象则是主观的充实物。但是这种主观性不可能脱离其自身并以此方式来设定一个超越的对象并将印象的充实物赋予一个超越的对象。既然人们不顾一切地要使现象的存在依赖于意识,那么对象与意识所以有区别就应该是由于它的不在场,而不是由于它的在场,应该由于它的虚无,而不是由于它的充实。如果存在属于意识,那么对象就不是意识,这不是就它是另一个存在而言,而是就它是一个非存在而言的。这就是本书第一节中讨论过的对无限的求助。例如,对胡塞尔来说,材料的核心中只由意向(这些意向能在这种材料中得到实现)而产生的活力,不足以使我们脱离主观性。真正客观化的意向,是空洞的意向,它们的目标超出了当下的主观显现,而是无限的显现

系列的整体。还必须懂得，作为这些意向目标的那些显现是永远不可能同时被给出的。一个无限系列的各项同时在意识面前存在，而且所有这些项，除那个作为客观性基础的之外，同时都确实不在场，这原则上是不可能的。这些在场的印象，即使其数量是无限的，也会化为主观的东西，正是它们的不在场，才赋予它们以客观的存在。因此，对象的存在是纯粹的非存在。它被定义为一种欠缺。这是一种会自己回避、原则上不会被给出、以不断流逝的形象显示出来的东西。但是，非存在怎么能成为存在的基础呢？这种不在场的、被期待的主观的东西如何由此而变成客观的呢？我承认，我所期望的快乐，我所害怕的痛苦，从这个事实中获得了某种超越性。但是这种内在性中的超越性并没有使我们脱离主观的东西。确实，事物是在形象中或者干脆说是通过显现给出自身的。而且确实，每个显现都回溯到其他一些显现。但是这些显现中的每一个都已经单独成为一个超越的存在，而不是一种印象的主观质料，它是一个存在的充实，而不是一种欠缺，是一个在场，而不是一个不在场。企图把对象的实在建立在印象的主观充实物之上，把它的客观性建立在非存在之上，玩弄这种花招是徒劳的：客观的东西决不会出自主观的东西，超越的东西不会出自内在性，存在也不会出自非存在。但是人们会说，胡塞尔严格地把意识定义为超越性。他确实是这样认为的，而这是他最重要的发现。但是他把“作为对象的意识”看成一个非实在，一个“作为活动的意识”的相关物，而且它的存在就是被感知，从这时起他就完全背弃了他自己的原则。

意识是对某物的意识，这意味着超越性是意识的构成结构；也就是说，意识生来就被一个不是自身的存在支撑着。这就是所谓的本体论证明。人们也许会反驳说，意识有某种要求并不证明这要求就应该得到满足。但是这种反驳并不能驳倒对胡塞尔称为意向性而又误解其本质特征的那种东西的分析。所谓意识是对某物的意识，是指意识的存在只体现在对某物、即对某个超越的存在的揭示性直观上。如果纯粹主观性一开始就被给定，它就不仅不再超越自身来建立客观的东西，而且一种“纯粹的”主观性也就消失了。能够恰当地称为主观性的东西，就是(对)意识(的)意识。但是必须以某种方式来质定这种(对作为)意识(的)意识，并且只能把它质定为进行揭示的直观，否则它就什么也不是。然而进行揭示的直观意味着有某种被揭示的东西存在。绝对的主观性只能面对一个被揭示的东西才能成立，内在性只能在对一个超越的东西的把握中来定义。有人会认为，这里又听到了康德对成问题的唯心主义批驳的回声。但是我们毋宁更应该想到笛卡尔。在这里我们是在存在的地基上，而不是在认识的地基上。问题不在于指出，内感官的现象暗指着客观的空间现象的实存；而在于指出，意识在其存在中暗指着一种非意识的、超现象的存在。说事实上主观性暗指着客观性，它在构成客观的东西时构成了它自己，这种回答尤其无意义：因为我们已看到，主观性无力构成客观的东西。说意识是对某物的意识，就是指意识应该作为对不是它的那个存在的被揭示—揭示而产生，而且在揭示它时已经存在着。

于是，我们离开了纯粹的显象达到了充实的存在。意识是一种由实存设定其本质的存在，而且，反过来说，意识是对一个其本质意味着实存的存在的意识，就是说，其中显象呼唤着存在。存在是无处不在的。当然,我们可以把海德格尔给“此在”下的定义应用于意识,把意识看成这样一种存在,对这个存在来说,它在它的存在中关心的正是它自己的存在。但是还应该这样来补充和表述这个定义:意识是这样一种存在,只要这个存在暗指着一个异于其自身的存在,它在它的存在中关心的就是它自己的存在。

当然,这个存在只不过是现象的超现象存在,而不是隐藏在现象背后的本体的存在。意识所暗指的,正是这张桌子的存在,这包烟草的存在,这盏灯的存在,更一般地说是世界的存在。意识只要求显现者的存在不仅因为它显现而实存。为意识而存在的超现象存在本身是自在的。

六、自在的存在

现在能对为确立上述看法而考察的存在的现象得出几点明确的结论了。意识是存在物的“被揭示－揭示”,而存在物是在自己的存在基础上显现在意识面前的。然而存在物的存在的基本特性就是,其本身是不向意识显露的。存在物不能脱离它的存在,存在是存在物不可须臾离开的基础,存在对存在物来说无处不在,但又无处可寻。没有一种存在不是某种存在方式的存在,没有一种存在不是通过既显露存在,又掩盖存在这样的存在方式被把握的。然而,意识永远能够超越存在物,但不是走向它的存在,而是走向这存在的意义。因此,我们可以称意识为“本体状－本体论的”,因为他的超越性的一个基本特征,就是超越存在物走向本体论。存在物的存在的意义就是存在的现象,因为它向意识揭示自身。这个意义本身有存在,它在这个存在的基础上表露出来。正是从这个观点出发，才能理解经院哲学的一个著名论证，这个论证指出，在所有关于存在的命题中都有恶性循环，因为所有关于存在的判断都已蕴涵了存在。但是事实上并不存在这种恶性循环，因为没有必要重新超越这个意义上的存在走向它的意义：存在的意义，既然其中包含了它固有的存在，就相当于一切现象的存在。我们已经指出过，现象的存在不是存在。但是它指示存在并要求存在——尽管真正说来，前面所提出的本体论证明对它既不是特别也不是唯一有效的：有一个对整个意识领域都有效的本体论证明。但是这个证明足以证实从存在的现象中所能获得的一切知识的合理性。存在的现象，作为最原始的现象，是直接向意识揭示出来的。我们每时每刻对此都有海德格尔所说的那种本体论前的领会，就是说，不含有确定的概念和明晰的解释的领会。因此，我现在还不打算讨论这种现象并努力以这种方式来确定什么是存在的意义。必须始终注意的是：

1. 对存在的意义的说明只对现象的存在有效。意识的存在完全是另一种存在，它的意义必须从另一类型的存在——自为的存在——的“被揭示－揭示”作出特有的解释，这种自为的存在是与现象的自在存在相对立的，我们后面再给它下定义。

2. 我这里试图对自在的存在的意义作出的说明，只能是暂时性的。我们要揭示的那些方面包含着我们以后必须把握和确定的其他一些意义。尤其是，根据我们前面所作的思考，可以把存在分为两个绝对独立的领域：反思前的我思的存在和现象的存在。但是，尽管存在的概念因此具有被分割为两个不可交流的领域的特征，我还是必须说明，这两个领域怎么能置于同一标题之下。这就需要考察这两种类型的存在，并且显然，只有在能确定它们与一般存在的真正关系，而且是统一了它们的各种关系时，才能真正把握它们各自的意义。事实上，通过考察非位置的（对）自我（的）意识，我们已确定，现象的存在无论如何不能作用于意识。我们据此而取消了现象与意识关系的实在论的概念。但是通过考察非反思的我思的自生性，我也曾指出，如果最初就已经把主观性给予意识，意识就不可能超出他的主观性，而且意识也不可能作用于超越的存在或无矛盾地包含各种必要的被动性因素，以便能从它们出发构成一个超越的存在：因此也就避免了对这问题所下的唯心主义结论。我们似乎向自己关闭了所有的大门，我们似乎注定要把超越的存在和意识看作两个封闭的、不可能互相交流的整体。然而应该指出，在实在论与唯心论之外，这个问题还可能有另外一种解决办法。

有某些特性是能够立即确定的，因为它们绝大部分可从我们刚才谈到的东西中推论出来。

有一种非常普遍的偏见，常常把清楚的看法弄糊涂了。这种偏见就是“创世论”。由于人们认定是上帝把存在给了世界，存在就总显得沾染上了某种被动性。但是始于虚无的创造解释不了存在的涌现，因为如果设想存在孕育在一种主观性中，哪怕是一种神圣的主观性，它仍然是一种内在的存在方式。这种主观性中甚至不可能有客观性的表象，因此这种主观性甚至也无法受到创造客观物的意志的影响。此外，即使存在通过莱布尼茨所说的闪电（fulguration）突然被置于主观之外，它也只有使自己与创造者相脱离、相对立，才能确定自己是存在。否则，它将消融在创造者之中:连续创造的理论从存在中除去了德国人称为“自立性”(Selbstständigkeit)的东西,使它消失在神圣的主观性中。存在之所以面对上帝存在,是因为它是它自己的支柱,它没有保留任何一点上帝创造的痕迹。总之,即使存在是被创造的,自在的存在也无法用创造来解释,因为它在创造之外重获它的存在。这等于说存在是非创造的。但也不应该因而得出存在创造自身的结果,这会假定它是先于它自己的。存在不可能按意识的方式而是**自因的**。存在是**它自身**。这意味着它既不是被动性也不是能动性。这两个概念都是**人的**。并且表示人的行为或人行为的工具。一个有意识的存在为了某个观察目的而运用某些手段时,就有了能动性。而我们说那些受到我们能动性作用的对象是被动的,因为它们不是自发地趋赴我们使它们服从的目的的。总之,人是能动的,而人使用的手段则是所谓被动的。把这些概念引向绝对,它们就失去了意义。尤其是,存在不是能动的:为了有目的和手段,就必须有存在。存在也不是被动的,这是有更充分理由的:因为为了是被动的,就必须先存在。存在的“自在如一性”超乎于能动的与被动的之外。它也同样超乎于肯定与否定之外。肯定总是**对**某个事物**的**肯定,就是说,肯定活动有别于被肯定的事物。但是如果我们假设一种肯定,其中,被肯定物占满了肯定者,并且与之混在一起,这种肯定就不可能被肯定,这是因为对“作为活动的意识”来说“作为对象的意识”过分充实,并且后者太过于直接为前者所固有了。如果我们更清楚地表达这些观念,相对于意识来定义存在,那么存在就是“作为活动的意识”中的“作为对象的意识”,就是说与自己没有一点距离地结成一体。从这个观点出发,不应该把存在称为“内在

性”，因为尽管内在性是与自己的关系，但依然是自己与自己之间所能进行的最小退却。但是存在并不是与自己的关系，它就是它自己。它是不能自己实现的内在性，是不能肯定自己的肯定，不能活动的能动性，因为它是自身充实的。这一切似乎表明，为了使对存在的肯定从存在内部解放出来，存在必须减压。此外，不要认为存在是对未分化的自己的某种肯定：自在的未分化是超乎于自我肯定的无限性之外的。可以这样概括以上初步的结论，即存在是自在的。

但是如果存在是自在的，这意味着它不像（对）自我（的）意识那样返回到自身，它就是那个自身。它就是它自身，结果使得构成这个自身的永恒反省溶化在一种同一性中。所以从根本上讲，存在是超乎于这个自身之外的，本书开头的表述由于语言的限制只能是近似的。事实上，存在本身是不透明的，这恰恰因为它是自身充实的。更好的表达是：存在是其所是。表面看来，这个表述纯属分析的。其实它根本不归结为同一性原则，因为同一性原则是一切分析判断的无条件原则。这种表述首先是指出一个特殊的存在范畴：自在的存在的范畴。我们将看到，与之相反，自为的存在被定义为是其所不是且不是其所是。因此这里涉及的是局部的原则，因此是综合的原则。另外，应该把“自在的存在是其所是”这个公式与意识的存在的公式对立起来：事实上可以看到，意识应是其所是。这就要求必须赋予“存在是其所是”这句话中的“是”以特殊的含义。在应是其所是的各种存在的时候，是其所是这一事实绝不是一种纯然公理式的特征，它是自在的存在的一个偶然原则。在这个意义下，同一性原则，分析判断的原则，也就是存在的局部

综合原则。它指明了“自在的存在”的不透明性。这种不透明性与我们相对于自在的位置有关，在这个意义下我们将被迫了解及观察自在，因为我们“在外面”。自在的存在没有能对立于“在外”的“在内”，没有能类似于一个判断、一条法则、一个自我意识的“在内”。自在没有奥秘，它是实心的。在某种意义下可以把它指定为一个综合。但这是一切综合中最不能分解的综合：自己与自己的综合。从中自明地得出的结论是：存在在其存在中是孤立的，而它与异于它的东西没有任何联系。过渡、变化，以及所有那些使人能说存在还不是其所将是和它已是其所不是的东西，原则上都与它无缘。因为存在是生成的存在，并且它因此是超乎于生成之外的。它是其所是，这意味着，它本身甚至不能是其所不是；事实上我们已看到，它不包含任何否定。它是完全的肯定性。因此它不知道“相异性”，它永远不把自身当作异于其他存在的存在。它不能支持与其他存在的任何关系。它无定限地是它自身，并且消融在存在中。根据这个观点，我们以后还会看到，存在脱离了时间性。它存在着，当它崩溃的时候甚至不能说它不再存在了。或者，至少可以说，正是一个意识能意识到它不再存在，正因为意识是时间性的。但是存在本身不是作为一种欠缺存在于它曾在的那个地方：存在的完全肯定性在它崩溃的废墟上面重新形成。他曾经存在，而现在则是别的一些存在存在着：如此而已。

最后，第三个特点是，自在的存在存在。这意味着存在既不能派生于可能，也不能归并到必然。必然性涉及理想命题之间的关系，而不涉及存在物的关系。一个存在的现象永远不可能派生于另一个存在物，因为它是存在物。这正是我们所谓的自在的存在的偶然性。但是自在的存在同样不能派生于一种可能。可能是自为的结构,就是说,它属于另一个存在领域。自在的存在永远既不能是可能的,也不能是不可能的,它存在。当意识说存在是多余的(de trop),就是说意识绝对不能从任何东西中派生出存在,既不能从另一个存在,也不能从一种可能,也不能从一种必然法则中派生出存在的时候,它用人类形态的术语表明的正是这点。自在的存在是非创造的,它没有存在的理由,它与别的存在没有任何关系,它永远是多余的。

存在存在。存在是自在的。存在是其所是。这是在初步考察存在的现象之后,能给现象的存在规定的三个特点。现在,还不可能使这种考察更进一步。对自在——它只不过是其所是——的考察还不允许我们确立并说明它与自为的关系。因此,我们从"显现"出发,继而提出了两种类型的存在:自在和自为,我们对它们还只有一些肤浅和片面的了解。还有许多问题没有解决:这两种存在的深刻的含义是什么?为什么这两种存在都属于一般的存在?这种自身中包含着截然分立的存在领域的存在的意义是什么?如果唯心主义和实在论都无法解释那些事实上用来统一那些确实无法沟通的那些领域的关系,我们能给这个问题提出别的解决办法吗?现象的存在怎么能是超现象的呢?

正是为了回答这些问题我写了本书。

选自《存在与虚无》中译本(修订版),
陈宣良译,杜小真审校,1997年,
三联书店,1—27页。

Ⅱ.萨特《存在与虚无》第二卷第二章第三节:《原始的时间性和心理的时间性:反思》(节选)

这些潜在的存在的统一被称作心理生活或心理,是潜在的、超越的、建立在自为时间化基础上的自在。反思从来就只是一种准认识,但是,它在单独的心理中,它可能拥有反思的认识。自然,在每一个心理对象中,人们都会找到真实的被反思者的诸种特性,不过却是退化为自在的特性。对于心理所做的先验的简要描述可以使我们了解这一点。

(1)我们把心理理解为自我,它的状态、性质和活动。“自我”在“Je”和“Moi”[①]这双重语法形式下代表我们的人称,它是超越的心理统一。我们在别处已经作过阐述。作为自我,我们是行为主体和权利主体——这些行为和权利可能是主动的也可能是被动的——我们是意志的施动者,是一种价值或责任判断的可能对象。

自我的种种性质代表着构成我们特性和习惯的潜在性、潜力和潜能的总体(这是在希腊语 εξτς—状态的意义上说的)。这就是易怒、勤劳、嫉妒、野心勃勃、色情之类性质。但是,还应该承认起源于我们历史的另外一种性质,我们称之为习惯:我可能是衰老的、疲倦的、乖戾的、退步的或进步的,我可能显现为“在获得成功

① “Je”和“Moi”在法语中都是“我”,前者用于主语,后者主要用于表语、宾语及重读形式等。——译注

之后心安理得”或者相反“逐渐养成一些嗜好和习惯，一种病态的性欲”（在一次大病之后）。

和“潜在地”存在着的性质相反，状态是作为在活动中的存在者而表现出来的。仇恨、爱情、嫉妒都是一些状态。一种疾病是一种状态，因为它被病人作为心理－生理的实在来把握的。同样，许多从外部而来的附着于我这个人的特征在我经历它们的时候，能够变成一些状态：不在场（相对确定的那个人而言）、流放、侮辱、胜利都是一些状态。我们看到区分性质和状态的东西：昨天我发火之后，我的“暴躁性情”骤然而来，就如同置我于愤怒之中的单纯潜在的安排一样。相反，在皮埃尔的行动和我因此感到的怨恨之后，我的仇恨像一现时的实在骤然而来，尽管我的思想现在正注意另一个对象。另外，性质是有助于规定我的人格的对先天精神或后天知识的一种安排。相反，状态则更多地是意外的、偶然的：是我碰到的某种事物。然而，在状态和性质之间存在着一些中介物：例如，尽管波佐·第·波尔哥对拿破仑的仇恨在事实上存在并且表示出在波佐与拿破仑之间的一种偶然令人感动的关系，它仍然是构成波佐人格的因素。

应该把活动理解为人格的综合活动，就是说，为了目的安排的手段，这不是因为自为是其固有的可能性，而是因为活动代表着一种自为应该经历的超越的心理综合。例如，拳击运动员的训练是一种活动，因为它超出自为又支持自为，而且自为在这种训练中并通过这种训练实现自己。学者的探索、艺术家的工作、政治家的竞选运动都是如此。在任何情况下，作为心理存在的活动都代表一种超越的存在和自为与世界之间关系的客观面貌。

(2)“心理的东西”唯独对一种特殊范畴的认识活动——反思的自为的活动来表现。在未被反思的领域中，自为实际上是以非正题的方式成为其固有的可能性。但因为它的可能性是在世界的既定状态之外的对世界的可能在场，所以通过这些可能性被正题而不是被非正题揭示出来的东西，就成为与既定状态综合联系着的世界的一种状态。因此，带给世界的种种变化正题地在作为对象的潜在性的在场的事物中表现出来，这些潜在性必须借用我们的身体作为它们自我实现的工具以使自己实现。愤怒的人就是这样在他的对手脸上看到会招致一击的对象性质。“该打的脸”，“招打的嘴巴”这样的成语就是由此而来的。我们的身体在此仅仅显现为在愤怒状态下的通灵者。正是通过身体，事物(被喝之前的饮料，实施之前的救助，被消灭前的害虫等)的一些潜在性应该实现，在这时涌现的反思才把握了自为与其可能之前的本体论关系，但是这种关系是作为对象的关系。于是，活动作为反思意识的潜在对象涌现出来。我因此不可能在同一范围内同时具有对皮埃尔的意识和对我对他的友谊的意识：这两种存在总是被自为的一个厚度分离开。而这个自为本身是一种隐藏的实在：在非被反思意识的情况下，它存在，但是正题地存在，并且它在世界对象与它的潜在性面前消失了。在反思涌现的情况下，它向着反思者应是的潜在对象被超越了。唯有一种能够在其实在中发现被反思自为的纯反思意识。我们把这些存在的有组织整体称之为“心理”，这些存在对不纯反思造成一个恒久的序列，并且成为心理学研究的自然而然的对象。

(3)尽管对象是潜在的，它们也不是一些抽象物，它们不是被

反思者空洞地追求的，但是，它们表现为反思者在被反思者之外应该是的具体的自在。我们用自明性来称呼仇恨、流亡、方法的怀疑对自为的直接在场和“亲自”在场。为使这种在场存在，只需坚信不疑地回忆我们个人经验的情况就足够了，在这些情况里，我们曾试图回忆一种死亡的爱情，某种我们过去曾经历过的理智的气氛。在这些不同的情况下，我们曾清楚地意识到空洞地去追求这些不同的对象。我们曾经能够把它们构成特殊的观念，曾经企图对它们进行文字描绘。但是，我们知道它们业已不在。同样，对一个炽热的爱情来说，会有一些中断的阶段，在这些阶段中，我们知道我们爱，但是我们没有感觉到它。普鲁斯特曾出色地描述过这些“心灵的中断”。不过，完全把握一种爱情，沉思爱情并非是不可能的。然而为此必须有一种被反思的自为的特殊存在方式：正是通过我对一种反思意识的已经变成被反思者的时刻的好感，我能够领会我对皮埃尔的友谊。总之，使这些性质、这些状态或活动现时化的手段不是别的，就是通过一种被反思意识去领会它们，而它们则是在自在中的投影与对象化。

但是，这种把一种爱情现时化的可能性比任何论据都更好地证明了心理的东西的超越性。当我猛然发现我的爱情，当我看到我的爱情的时候，我就同时认识到它是在意识之前的。我能够对它采取一些观点，判断它，我并没有像反思者介入被反思者那样介入到爱情中去。由于这个事实本身，我把它领会为不是自为的一部分。它无限地比这绝对的透明性更加沉重、更加晦暗、更加坚固。所以，心理的东西与它一起向不纯的反思的直观表现的自明性并不是确定无疑的。在经常被我的自由咀噬并消耗的被反思的自为的将来和对我的爱情是有威胁的并致密的将来之间实际上存在着差距，而正是我的爱情赋予将来以爱情的意义。如果我实际上没有在心理对象中把它的爱情的将来看成是中断的，那这是否还是一种爱情呢？它是否会沦入短暂爱情的行列之中呢？而如果短暂爱情作为之前总是表现为短暂爱情而且永远不改变成为爱情，那短暂爱情难道就不介入到将来之中去了吗？因此，自为的永远被虚无化的将来阻止对作为爱着或恨着的自为的自为做任何自在的规定；被反思的自为的投影自然拥有退化为自在的并且在规定其意义的过程中与之合为一体的将来。但是，由于与被反思的将来的连续不断的虚无化相关联，有组织的心理总体与它的将来都始终只是保持为或然的。完全不应由此就认为这是一种来自与我的认识之间的关系的外在性质，也不是在必要时能把自己改变为确定性的性质，而是一种本体论的特征。

(4)由于心理对象是被反思的自为的投影，它就拥有渐趋消退的意识的特性。特别是，它显现为一种完成了的或然整体，在那里，自为在分解的整体的第亚斯波拉式的统一中使自己存在。这意味着，通过时间出神三维领会的心理的东西似乎是被过去、现在、将来的综合构成的。一种爱情，一个企业是由这三维组织的统一。其实，说爱情“有”一个将来，就好像将来是外在于它赋予其特性的对象，那是不够的：然而将来却构成“爱情”消逝的组织形式的一部分，因为正是它的未来的存在赋予爱情以其爱情的意义。但是，由于心理的东西是自在的，它的现在不能成为流逝也不能成为其纯粹将来的可能性。在流逝的这些形式中，有一种过去的基本优先性，它就是自为曾是的，并且已经设定自为向自在的变化。反思者投射一种具有时间三维的心理的东西，但是，它独独与被反思者曾是的东西一起构成这三维。将来已经存在：否则我的爱情如何成其为爱情呢？只不过它还不是被给定的：这是一人尚未被揭示的现在。于是它丧失了我应是的可能性的特性：我的爱情，我的快乐并不应是它们的将来，它们在平行的冷漠而又安静的状态中才是它们的将来，就像这支钢笔是笔尖而在那边又同时是钢笔套一样。现在同样是在它的此之在的真实性质中被把握的。不过，这种此之在被构成为已经在那里。现在已经全部构成并且全副武装，这是一个瞬间带来、又带走的“现在”，就像一套现成的服装；这是一张打出又收回的牌。从一个将来的“现在”到现在的过渡和从一个现在到过去的过渡都不能使它发生任何变化，不论怎样，将来或不是将来，它都已经过去了。这就是心理学家们为了区分三种心理的“现在”天真地求助于潜意识所说明的东西：人们把对意识是现在的现在称之为现在。那些过渡到将来的现在恰恰具有相同的特性，但是它们在潜意识的模糊状态中期待着，但如果在这未分化的领域中把握它们，那我们就不可能从它们中间分解出将来和过去：在潜意识幸存的回忆是一种过去的“现在”，而且因为它等待召唤，它同时是一种将来的“现在”。因此，心理形式不是要存在，它已经完成，它早就以“曾是”的方式完全成为过去、现在、将来。对于组合心理形式的那些“现在”来讲，问题不再是在回到过去之前一个一个地承受意识的洗礼。

由此可见，在心理形式中，同时存在着两种矛盾的存在形态，因为，心理形式已经完成，同时又在一个有机体的坚固统一中显现，而且同时还只有通过每一个都企图孤立于自在的那些“现在”

的连续中才能存在。比如，这个快乐从这一瞬间到另一瞬间，是因为它的将来已经作为它的发展的最终结果和**既定**意义而存在，不是作为它应是的东西，而是作为它在将来中早已“曾是”的东西。

选自《存在与虚无》中译本(修订版)，220—225页。

Ⅲ.胡塞尔《纯粹现象学通论》第57节:关于排除纯粹自我的问题

在有关一种限制的问题上又出现了困难。作为自然存在和作为人的联合体(Verbande)中的、"社群"中的存在的人被排除了;此外也排除了一切其它生物。但纯粹自我又如何呢?由于现象学还原而产生的现象学自我也变成了一种先验的虚构吗?让我们把还原一直进行到纯粹意识流。在反思中每一实行的我思行为都具有明确的我思(cogito)形式。当我们实行先验还原时,它是否失去了这种形式呢?

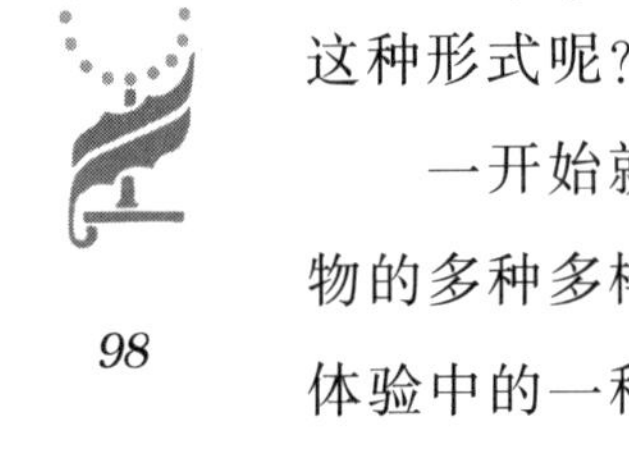

一开始就很清楚:在完成此还原后,我们在作为一种先验剩余物的多种多样体验流中根本未遇到纯粹自我,不论把它看作各种体验中的一种体验,还是看作体验的一个真正组成部分,后者随着它为其一个部分的体验一道出现和消失。自我似乎是连续地、甚至必然地存在着,而且这种连续性显然不是一种呆滞持存的体验的、一种"固定观念"的连续性。自我倒不如说是属于每一来而复去的体验;它的"目光"通过每一实显的我思指向对象。这种目光射线是随着每一我思而改变的,它随着每一新我思重新射出,又随其一道而消失。然而自我是某种同一物。从本质上看,每一自我至少能施予变化,来而复去,即使人们会怀疑每一自我是否是一种必然的事项,而不只是,如我们所见的那样,一种事实上的事项。然而相反,纯粹自我似乎是某种本质上必然的东西;而且是作为在体验的每一实际的或可能的变化中某种绝对同一的东西,它在任何意义上都不可能被看作是体验本身的真实部分或因素。

纯粹自我在一特殊意义上完完全全地生存于每一实显的我思中，但是一切背景体验也属于它，它同样也属于这些背景体验；它们全体都属于为自我所有的一个体验流，必定能转变为实显的我思过程或以内在方式被纳入其中。按康德的话说，“‘我思’必定能伴随着我的一切表象”。

如果在对世界和属于世界的经验主体实行了现象学还原之后留下了作为排除作用之剩余的纯粹自我（而且对每一体验流来说都有本质上不同的自我），那么在该自我处就呈现出一种独特的——非被构成的——超验性，一种在内在性中的超验性。因为在每一我思行为中由此超验性所起的直接本质的作用，我们均不应对其实行排除；虽然在很多研究中与纯粹自我有关的问题可能仍然被悬置不问。但是只就直接的、可明证论断的本质特性及其与纯粹意识被共同给与而言，我们将把纯粹自我当作一种现象学材料，而一切超出此界限的与自我有关的理论都应加以排除。在本部书第二卷中我将在适当机会用单独一章研究这个与纯粹自我有关的困难问题，并在该卷中进一步论证此处所暂时采取的立场。①

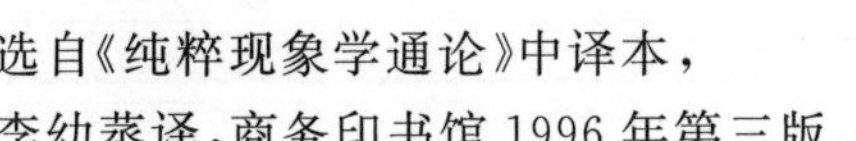
选自《纯粹现象学通论》中译本，
李幼蒸译，商务印书馆 1996 年第三版。

① 在《逻辑研究》中有关纯粹自我的问题上我采取了一种怀疑主义的立场，这一立场随着我的研究的进展不能再加以坚持了。因此我对那托普那部博大精深的《心理学导论》（第二卷，第一编，第 340 页以下）所做的批评在一些主要问题上不再适当了（遗憾的是，新发表的那托普一书的修订版我还来不及阅读，因此在此未能加以考虑）。

Ⅳ.萨特《胡塞尔现象学的一个基本概念——意向性[①]》(《处境Ⅰ》)

“他以目光吞噬了她。”这句话及许多其他表示足以表明实在论和唯心论的共同幻觉,按这个幻觉,认识就是吞噬。在学院派出现一百多年之后,法国哲学依然停留在这里。我们都读过布伦希维克、拉郎德和梅耶松的书,也都相信精神一蜘蛛将事物诱至其网中,用白色的黏液将事物包裹起来,并慢慢地吞下,把它们还原为它自己的实体。一张桌子、一块岩石、一座房子是什么呢?是“意识内容”的某种堆积,是这些内容的秩序。好一个食用哲学!然而似乎没有比这更自明的了,桌子难道不是我的感知的现实内容吗?我的感知难道不是我的意识的当下状态吗?营养就是同化。拉郎德说过事物和观念的同化,观念和观念,精神和精神之间的同化。世界上那些高大建筑的尖脊就是被这些勤勉的淀粉酶腐蚀:同化、统一,同一化掉的。我们当中那些头脑最简单和最粗陋的人徒然地去寻找某种坚固的东西,总之,某种不是精神的东西;结果他们到处碰到的只是一层湿热迷蒙而又如此清晰可辨的薄雾:他们自己。

与经验批判主义、新康德主义这些消化哲学相反,与一切“心理主义”相反,胡塞尔始终断言不能将物溶解于意识之中。你看到这棵树了吧,很好。但你是在它所在的地方看到它:在公路旁,在

① 译自《处境》第一集。本文写于1939年1月。

尘埃中,孤孤单单、弯弯扭扭地竖在烈日之下,在距地中海岸二十多公里的地方。它不可能进入你的意识,因为它的本性和意识是不同的。你会认为在这里认出了柏格森的思想和《物质与记忆》第一章的内容。但是,胡塞尔完全不是实在论者:这棵扎根在龟裂土地上的树,胡塞尔没有把它变成后来与我们发生关系的绝对物。意识和世界是同时给定的:从本质上说外在于意识的世界,本质上是相对于意识的。这是因为胡塞尔在意识中看到了一种任何物理形象都表现不了的一个不可还原的事实。也许,很快的,模糊的闪现的形象除外。认识,就是"向着什么闪现(s'éclater)",就是从潮湿的胃里挣脱出来流向另一边,流向我之外,流向不是我的、彼岸的东西;紧贴着树,可又在树之外,因为树逃离了我,把我向后推,而我既不能消失在它身上,它也不能溶解到我之中:我在它之外,它在我之外。在这个描述中,你还没有认识到你的需求和预感吗?你当然知道树不是你,你不能使它进入你黑洞洞的胃,而且认识确实不能与占有相混淆。这时,意识也就变得纯净起来,干净得像一阵狂风,除了自己逃逝的运动和向自我之外的滑动之外,它之中就没有什么了。如果你居然进入某个意识"之中",就会有一阵旋风把你抓住,将你抛到外面,贴在树上,抛到尘埃之中,因为意识并没有"里面",它本身只不过是外面的东西,正是这种绝对的逃逝,这种对成为实体的拒绝才使它成为意识。现在请想象一下连成系列的闪现,这些闪现使我们脱离了我们自己,甚至不让一个"我们自己"有时间在这我们之后自己形成,而是相反,把我们抛到这我们之外,抛到世界干燥的尘埃中,抛到崎岖不平的大地上,抛到事物中间。再想象一下我们就这样因我们的本性本身而被抛弃、遗忘

在这样一个冷漠的、敌对的、驱赶不动的世界中。这样，你就会理解胡塞尔在“一切意识都是对某物的意识”这句名言里所表达的发现的深刻含义了。这差不多就可以了结内在性的脆弱哲学了。按这种哲学看，一切都是通过调和，原生质的交换，通过温和的细胞化学而进行的。超越性的哲学把我们抛到大路上，危险之中，耀眼的阳光下。海德格尔说过，存在，就是现于世界存在(être-dans-le-monde)。应该按运动的意义来理解这个“现于……存在”。存在，就是在世界上闪现，就是从世界的虚无和意识出发来使意识突然出现于世界。如果意识试图使自己复活，并最终与自身合一，关紧百叶窗保持温度，那它就化为乌有了。这种意识作为对与自我不同的东西的意识存在的必然性，胡塞尔称之为“意向性”。

我首先谈论认识，好让人更好地理解我的意思：因为教育我们成人的法国哲学几乎只知道认识论。但是，对胡塞尔和现象学家们来说，我们关于事物获得的意识并不限于对它们的认识。认识或纯粹的“表象”只是我“对”这棵树的意识的可能形式之一；我还可以喜欢它、怕它或恨它。而意识自身的这种超越，人们称之为“意向性”的这种超越，就又处在恐惧、憎恨、爱之中。恨他人，也是向他闪现的一种方式，就是使自己突然出现在一位人们看到的陌生人面前，一位人们首先忍受了他“可恨的”客观品质的陌生人面前。于是，在精神这盆气味难闻的盐汤中漂浮着的这些有名的“主观”反应，憎恨、爱、恐惧、同情，一下子都挣脱了出来；它们都只是发现世界的方式。正是各种事物向我们展示它们自己是可恨的、可同情的、可怕的、可爱的。是可怕的，这是这个日本假面具的一种属性，构成其本性本身的一种不可穷尽，不可还原的属性，——而不是我们对一具木雕制品的主观反映的总括。胡塞尔重把可怖、魅力引入事物，他又把艺术家、预言家的世界，即可怕的、充满敌意的、危险的世界，以及神恩的等避风港，还给了我们。胡塞尔造成了一块净土来重新论述激情，他的论述只是受启发于为我们的高雅之士所轻视的这样一个如此简单又如此深刻的真理，即如果我们爱一位女子，那是因为她是可爱的。这样，我们就摆脱了普鲁斯特。同时也摆脱了“内心生活”：我们像阿米埃尔（Amiel），像一个吻着自己肩膀的小女孩那样去寻找我们内心的爱抚和温存将会是徒劳的，因为最终一切都是在外面的，一切，甚至我们本身：都是在外面，在世界中，在他们中间的。我们不会在什么我不知道的世外桃源出现，而是在大路上，在城市里，在人群中出现，我们是物中之物，人中之人。

选自《法国研究》，1984年第4期，潘培庆译。

V. 萨特《存在与虚无》第二卷第三章:超越性(节选)

为了能尽可能完整地描述自为,我们选择对否定行为的考察作为导引线。我们已看到,其实正是在我们之外和之内的一种非存在的永恒可能性制约着我们能提出的问题,制约着人们能对之作出的回答。然而我们首要的目标并非只是描绘自为的否定结构。在《导言》中,我们曾指出过一个难题,而且我们想解决的正是这个难题:人的实在与现象的存在或自在的存在的原始关系是什么?其实,从导言起,我们就不得不拒绝实在论和唯心论的解决。我们觉得超越的存在完全不能作用于意识,同时意识也不能通过把那些从其主观性中借来的成分客观化来“建造”超越的东西。因此,我们懂得了,意识对存在的原始关系不能是统一两个原本孤立的实体的外在关系。我们指出:“存在的各领域之间的关系是一种原始的涌现,并且是这些存在的结构本身的一部分。”我们发现,具体的东西是个综合整体。作为现象的意识只构成它的一些环节。但是,即使在一个意义下说,孤立地被考察的意识是一种抽象;即使现象,甚至是存在的现象,同样是抽象的,就是因为它们不能作为不对意识显现的现象存在,那现象的存在,作为是其所是的自在,也不能被认为是一种抽象。为了存在,只需要存在本身,存在只归结为存在自己。另一方面,我们对自为的描述则向我们指出,在那里现象的存在却完全相反,它是那么尽可能地远离实体和自在;我们看到,自为是它自己的虚无,并且只能在它的各种出神状

态的本体论统一中存在。因此，即使自在与自为的关系原本应该是处在关系中的存在本身的构成成分，也不应该认为这种关系能是自在的构成成分，它恰恰是自为的构成成分。我们应该只在自为中寻找联结与诸如所谓认识的存在的关系的那个切入点。自为在其存在中对它与自在的关系负责，或不如说，它原本在与自在的关系的基础上产生。我们把意识定义为“(这样)一种存在，对它来讲，在其存在中，它只关心自身的存在，因为这个存在意味着异于它的一个存在”。当我们这样定义时，我们已经揣测到自为的上述性质。但是，从我们做出这个定义以来，我们已获得了新的认识。尤其是我们已把握了作为它自己虚无的基础的自为的深刻意义。难道现在还不到使用这些认识，以规定和解释一般说来能使认识和行动显现出来的那种自为与自在的出神关系的时候吗？我们还不可能回答我们最初的问题吗？为了成为(对)自我(的)非正题意识，意识应该是对某物的正题的意识，这点我们已指出过。然而，到现在为止我们研究的，是作为(对)自我(的)非正题意识的原始存在样式的自为。不正是为此，我们才被引去描绘在与自在的关系本身中的自为(因为这些关系是它的存在的构成成分)吗？从现在起，我们难道不能找到一个答案以回答这类关系的问题：即自在是其所是，自为的存在是怎么又是为什么不得不在其存在中成为对自在的认识？什么是一般而言的认识呢？

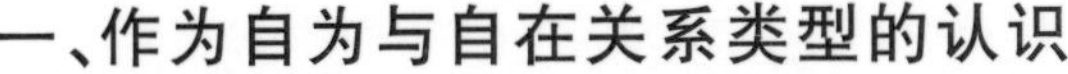

一、作为自为与自在关系类型的认识

除了直观的认识之外没有别的认识。把演绎和推理称之为认识是不准确的，它们只不过是导致直观的工具。当人们达到了直观时，用来达到直观的手段在它面前就消失了；在直观不可能被达到的情况下，推论和推理就仍然是指向不可及的直观的指示牌；最后，如果直观已经被达到而又不是我的意识的现在的样式，我所使用的那些公理就仍然是以前进行的活动的结果，就像笛卡尔所谓的“观念的回忆”一样。如果问直观是什么，胡塞尔就会像大部分哲学家一样回答：“它是事物(Sache)亲自面对意识的在场。”因此，认识就是我们在前一章中在“面对……在场”的名称下描述的存在的类型。但是我们已确定：自在本身决不能是在场。在场的存在其实是自为的存在的出神的样式。因此，我们不得不把我们的定义翻过来说：直观是意识面对事物在场。因此，现在我们应该重新论述自为的这种面对存在在场的本性和意义。

当我们在导言中使用未阐释明白的“意识”概念时，我们已确立，意识必须是对某物的意识。正是以意识是其意识的那个东西这样的方式，意识才用自己的眼睛把自己区别出来，才能成为(对)自我(的)意识。不是(对)某物(的)意识的那种意识也就是(对)乌有(的)意识。但是我们恰恰阐释明白了意识或自为的本体论意义。因此我们能用更加准确的术语提问：如果在本体论水平上，就是说按自为存在的观点考察意识的话，说意识必然是对某物的意识能意味着什么呢？我们知道，自为在反映—反映者这一虚幻二元的形式下是它自己的虚无的基础。反映者只为反映出那个反映而存在，而反映之为反映只是因为它归回到反映者。这样，在二元中勾画出的两项是互指的，而且每一项都使它的存在干预另一项的存在。但是，如果反映者只不过是这个反映的反映者，而且如果反映只能通过其“为在这个反映者中反映自己的存在”表现自己的特征，这个准二元的两项在它们的两个虚无彼此靠近的时候就同归于尽了。反映者必须反映某物以便这整体不崩溃为乌有。但是，另一方面，如果反映是某物，它独立于它的"为被反映的存在"，那它就不应该被质定为反映，而应被质定为自在。这是把不透明性引进"反映－反映者"体系，甚而至于是使开始显露的分裂趋于完成。因为在自为中，反映也是反映者。但是如果反映被质定，它就脱离了反映者，而且它的显象就脱离了它的实在：我思变成不可能的。反映只能在它被不同于它的东西质定，或不如说，在它被反映为它和它所不是的外物的关系时，才同时是"要反映的某物"和乌有。把反映定义为反映者的东西，总是它面对其在场的那个东西。甚至在未经反思的东西的水平上把握的喜悦，也只不过是那个面对一欢笑开放，充满幸福前景的世界的"被反映的"在场。但是前面的某些论述已使我们预见到，不存在是在场的本质结构。在场把彻底的否定看成面对我们所不是的东西在场。不是我的东西是面对我在场的。此外我们将看到，这个"不存在"先天地(a priori)被一切认识的理论所包含。如果我们最初没有一种把对象指示为不是意识的否定关系，就不可能构成对象的概念。曾风行一时的"非我"这一表述相当容易地表达出的正是这一点，但在使用非我的人那里没有能发现有谁稍微关心一下给最初规定了外部世界的这个"非"奠定基础。事实上，如果这种否定不首先被给出，如果它不是一切经验的先天的基础，则无论是表象间的联系，还是某些主观总体的必然性，无论是时间的不可逆转性，还是对无限的求助，都不能用来构成对象本身，即都不能用作进一步否定的基础，这进一步的否定会分离出非我并使其与我本身对立。

事物，先于一切比较，先于一切构造，它是那个不是意识而又面对意识在场的东西。作为认识基础的在场的原始关系是否定的。但是由于否定是通过自为来到世界上，并且事物在同一性的绝对无差别状态中是其所是，那它就不可能是设定自己为不是自为的那种东西。否定来自自为本身。不应该把这种否定设想为那类对事物本身的而且否定事物是自为的判断：这类否定只有在自为是一个已充分形成的实体时才能设想，而且甚至在那种情况下，它也只能作为从外面建立两个存在的否定关系的第三存在出现。但是正是自为通过原始的否定使自己不是事物。因而我们刚才给意识的定义，从自为的角度看，可以这样表述："自为是这样一种存在，对它来说，它的存在在其存在中是在问题中，因为这种存在根本上是不存在的方式同时又是设定为不同于它的东西的存在。"因此认识显现为一种存在方式。认识既不是两个存在相撞后确立的关系，也不是这两个存在之一的主动性，也不是一种属性或效能的性质。它是自为的存在本身，因为它是面对……在场，就是说因为自为不得不通过使自身不成为某种它所面对其在场的存在而成为它的存在。这意味着自为只能按使自己被反映为不是某个存在的反映的方式存在。应该质定被反映物的那个"某物"为了使"反映—反映者"这二元不崩溃于虚无之中，它是纯粹的否定。被反映的东西使自己从外面临界于某个存在而被规定为不是那个存在；所谓是对某物的意识指的正是这个。

但是必须明确规定我们理解为这种原始否定的东西。事实上，应该区别两种否定的类型：外在的否定和内在的否定。第一种显然是见证人在两个存在之间建立的纯粹外在的联系。例如，当我说:“杯子不是墨水瓶”时,这个否定的基础显然既不在这张桌子(table,疑为杯子 tasse 之误。——译者)中,也不在墨水瓶中。这些对象都是其所是,仅此而已。否定像是我在它们之间建立起来的不同范畴间的、理想的联系。而没有改变它们现在的状况,没有增添也没有使它们失去哪怕一点性质:它们甚至不被这种否定综合所触及。由于否定既不用来增添它们又不用来构造它们,就严格地是外在的。但是如果考察诸如“我不富有”或“我不美”这些话,就已经能猜测出另一种否定的意义了。这些用伤感语调说出的话不仅意味着否定了某种性质,而且意味着这个否定本身已影响到被否定的肯定存在的内在结构。当我说“我不美”时,我并不限于否定“我”(Moi),这个“我”被视作完全的具体,被视作我在使我的存在的肯定整体不受触动(诸如我说“坛子不是白的,它是灰的”,“墨水瓶不在桌子上,它在壁炉上”)因此通向虚无的某种能力:我想要表明的是:“不美”是某种否定我的存在的能力,它内在地表现了我的特征,而且,作为否定性,不美是我自己的一种实在性质,而且,这种否定的性质也很好地解释了我的伤感,例如,解释了我人世生活的不成功。我们把内在的否定理解为两个存在间的这样一种关系,即被另一个存在否定的存在通过它的不在场本身,在它的本质内规定了另一个存在。那么否定变成一种本质的存在联系,因为它建立其上的各种存在中至少有一个是指向另一个存在的,这个存在在其内心中把另一个存在当作不在场者。尽管如此,这类否定不适用于自在的存在,这是显而易见的。它本质上属于自为。唯有自为在其存在中能被它所不是的存在所规定。而内在的否定之所以能出现在世界上——就像当人们说起伪造的珍

珠，不熟的果子，不新鲜的蛋时那样——是因为像一般而言的一切否定一样，它是通过自为来到世界上的。因此，认识之所以只是属于自为的，是因为只有自为表现出不是它认识的东西。而且由于在这里显象和存在是一回事，因为自为有其显象的存在——就必须设想，自为在其存在中包含了它所不是的对象的存在，因为它在其存在中由于不是这个存在而在问题中。

在这里我们必须摆脱一种幻觉，这种幻觉可以这样表述：为了使自我本身不是这样的存在，必须事先就以无论什么方式拥有对这个存在的认识，因为我不能判断我与我不知道的存在的区别。完全可以肯定，在有日本人或英国人，工人或君主的某种概念之前，我们并不能通过我们的经验存在知道如何区别这些不同存在。但是这些经验的区别在这里不可能成为我们的基础，因为我们着手研究的是这样一种本体论关系，它应该使任何经验成为可能，并追求确证一般而言的对象怎么能作为意识存在。因此在把对象构成对象之前，我不可能以任何方式经验到对象是我所不是的对象。但是，相反，使一切经验成为可能的东西就是对象为主体而先天地涌现，或者，因为这种涌现是自为的原始活动，这东西就是自为作为面对其所不是的对象在场的原始涌现。因此应该把前面的表述颠倒过来：使自为不得不作为不是这个它面对其在场的特殊存在而存在的基本关系，是对这个存在的一切认识的基础。但是如果我们想理解这种原始关系，就必须更确切地描述它。

我们在前一段中关于理智主义幻觉所作的陈述中仍然真实的那点儿萌芽就是，我不能决定我自己不是一个开始就切断了与我的一切联系的对象。我不能否认我是这样的对象，与这个存在保持一段距离。如果我设想一个完全封闭在自我中的存在，这个存在本身就将完完全全是其所是，因此，无论是作为否定还是认识，它在其中都找不到自己的位置。事实上正是从其所不是的存在出发，一个存在才能使自己显示为它所不是的。这意味着，在内在否定的情况下，正是在那里，在它所不是的存在之中和之上，自为表现为不是它所不是的东西。在这个意义下，内在的否定是一种具体的本体论联系。这里涉及的不是这些经验否定中的一种，其中被否定的性质首先由于它们的不在场，或甚至非存在而被区别。在内在的否定中，自为在它所否定的东西上面被压碎。被否定的性质恰恰又是面对自为在场的东西，正是从这些性质那里，自为获得了否定的力量，并且使这力量不断更新。在这个意义下，必须把它们看作构成自为的存在的因素，因为自为应该在自己之外，又在这些性质之上，自为应该是这些性质以便否认它是它们。总之，内在否定的起源的一端是自在，是在那里的事物；而在这事物之外无物存在，除非是一种虚空，一种虚无，这种虚无之区别于事物，只是由于这个事物为其提供真正内容的一种纯粹否定。唯物主义在由对象派生出认识时遇到的困难，来自它想从一个实体出发引出另一个实体。但是这个困难挡不住我们，因为我们断言在自在之外是乌有，除非是对这个乌有的反映，而这个乌有本身是被自在聚集并定义的，因为它恰恰是这个自在的虚无，是这个只因它不是自在才成其为乌有的个别化了的乌有。这样，在构成内在否定和认识的这种出神关系之中，正是自在成为在其充实性中具体的一极，而自为只不过是自在在其中呈现出来的虚空。自为在自在之中是外在于自身的，因为它由它所不是的东西来定义；因此自在与自为的

原始联系是存在的联系。但是这种联系既不是一种欠缺,也不是一种不在场。在不在场的情况下,我其实是使自己被一个我所不是的、并且也不存在的、或不在那里的存在所规定:就是说规定了我的东西像是我称之为我的经验充实性的东西中间的一个空洞。相反,在被当作本体论的存在的联系的认识中,我所不是的存在表象了自在的绝对充实性。而相反我是从这个充实出发的,规定了存在的那个虚无,那个不在场。这意味着,在人们称之为认识的那类存在中,人们能碰到的唯一存在,并且永远在那里的存在,就是被认识的东西。认识者不存在,他是不可把握的。他只不过是那种使一个被认识者的此在,一个在场得以存在的东西——因为被认识的东西本身既不是在场的也不是不在场的,它只是存在着。但是被认识的东西的这种在场是面对乌有在场,因为认识者是对一个非存在的纯粹反映,因此这个在场通过被认识的认识者的全部半透明性而表现为绝对的在场。各种迷惑的情况向我们提供了这种原始关系的心理和经验的例证。事实上,在表象了认识的直接活动的那些情况下,认识者绝对只是一种纯粹的否定,它也不会在任何地方自我恢复,它不存在:它能接受的唯一规定,就是它恰恰不是那种迷惑人的对象。在迷惑中,只有一个在荒凉世界中的庞大对象。然而,被迷惑的直观完全不与对象融合。因为迷惑存在的条件,就是对象随着一种绝对突起而消失在虚空的基质之中。就是说我恰恰是对对象的直接否定,仅此而已。我们在泛神论直觉的基础上遇到的正是这种纯粹的否定,卢梭有时把这种纯粹否定描述为他的生平中的一些具体的心理事件。那时他告诉我们,他和宇宙融合了,唯一的世界突然出现,它是绝对的在场和无制约的整体。当然，我们能理解世界的这种整体的和荒凉的在场，它的纯粹的“在此”，当然我们完全同意在这个特殊的时刻，除了世界之外什么也没有。但是这并不像卢梭想证明的那样有一种意识和世界的融合。这种融合意味着自为在自在中的凝固化，同时，意味着世界和自在作为在场的不显现。真正说来，在泛神论的意向中，除了世界之外什么也没有，除了那种使自在表现为世界的东西，即纯粹的否定这种作为否定的(对)自我(的)非正题意识之外什么也没有。而且，恰恰因为认识不是不在场而是在场，也就没有任何东西分离开认识者和被认识的东西。人们常把直观定义为被认识的东西直接面对认识者的在场，但很少有人再考虑直接的这一概念的要求。直接性是一切中介的不在场：而且不言而喻，否则中介物就被认识而不是插在中间了。但是如果我们不能设定任何居间者，我们就必须同时否认连续性和间断性是认识者面对被认识的东西在场的类型。事实上我们不承认认识者和被认识的东西之间有连续性，因为连续性假定了同时是认识者和被认识的东西的居间项，在使认识者的存在介入被认识的东西的存在时它取消了认识者在被认识的东西面前的自立性。那么对象的结构就消失了，因为对象要求绝对地被作为自为的存在的自为所否定。但是我们同样不能认为自为和自在的原始关系是间断的关系。当然，两个间断成分的分离是一个虚空，也就是一个乌有，然而这是一个实现了的乌有，也就是说是自在。这种实体化了的乌有就像这样一个不可通导的稠密物，它摧毁了在场的直接的东西，因为它变成了作为乌有的某物。自为面对自在的在场，既不能用连续性这术语，也不能用间断性这术语来说明。它是纯粹被否定的同一性。为了更好地把

握这一点，让我们运用这种比喻：当两条曲线彼此同切的时候，它们表现为一类没有居间者的在场。但是这样，眼睛在它们相切的整个长度上把握住的，只是一条直线。甚至如果人们掩盖这两条曲线，如果只能看到它们彼此相切的长度 AB，那么要区别它们就是不可能的。因为分离开它们的东西是乌有：既没有连续性，也没有间断性，而是纯粹的同一性。让我们突然拉开盖住两条线的东西，我们就重新看到它们在整个长度上是两条：这并不是由于事实上在它们之间实现了一种突然的分离，而是由于使我们画这两条曲线以便认出它们的那两种运动把任何一种否定都看成连续的活动。这样，使这两条曲线甚至就在它们相切的位置上分离的东西是乌有，甚至不是距离：这是一种作为构成性综合的对立物的纯粹否定性。这个形象使我们更好地把握了一开始就统一了认识者和被认识的东西的直接性关系。通常，事实上，有时一个否定是建立在先于否定存在并构成其质料的“某物”上的：例如，如果我说墨水瓶不是桌子，桌子和墨水瓶就是已经构成的对象，它们的自在存在成为否定判断的支撑物。但是，在“认识者—被认识者”的关系中，认识者方面没有什么东西能支撑否定：“没有”自在地分离认识者和被认识者的任何区别，以及任何区分的原则。但是，在完全无区别的存在中，除了那种连存在都不存在，而又不得不存在的否定，那种甚至不设定自己为否定的否定之外什么也没有。因而，认识和认识者本身最终除了是“有”存在这一事实之外，除了自在的存在给出自身并在崛起时消失于这乌有的基质之外，什么也不是。在这个意义下我们能把认识称为：被认识者的纯粹孤独。认识的原始现象没有给存在增添什么，也没有创造什么，关于这点说得已经够多了。存在并不因认识而增加什么，因为认识是纯粹的否定性。认识仅仅使得有了存在。但是“有”存在这一事实不是存在的内在规定（存在是其所是），而是否定性的内在规定。在这个意义下，对存在的肯定性作的一切揭示都相当于对在其存在中是纯粹否定性的那个自为的本体论规定。例如，正如我们下面还要谈到的，揭示存在的空间性和通过自为本身把自为非正题地理解为非广延的是一回事。自为的非广延性不是肯定隐藏在否定的名称之下的精神性的神秘能力：它根本上是一种出神关系，因为自为正是通过超越的自在的广延并在这种广延中使自己显示出来并实现自己的非广延的。自为不能首先是非广延的而在后来进入一种与广延的存在的关系，因为，按我们考虑它的某种方式，非广延的概念自己不能有意义，它只不过是对广延的否定。如果万一能取消自在的各种被揭示了的规定性的广延，自为就不再是空间的，既不是广延的也不是非广延的，也不可能以相关于广延的任何方式表明其特征。在这个意义下，广延是一种自为恰就其否定自身是广延而言不得不理解的超越的规定性。所以看来最能够表明认识和存在的这种内在关系的术语是“实现”这个词，我们刚才是以本体论和认识论的双重意义来使用它的。我实现了一个计划是因为我给了它存在，但是我也实现了我的处境，因为我经历了我的处境，我以我的存在使它存在，我“实现”了一场灾难的严重程度，一个事业的困难。认识，就是这两个意义下的实现。在不得不成为对这个存在的被反映的否定时，认识使得存在在那儿：实在的东西就是实现之过程。我们把在规定了在其存在中的自为时揭示了自在的那个内在的而且又实现着的这种否定称为超越性。

二、作为否定的规定

自为面对什么样的存在在场？下面让我们注意一下这个表述得不好的问题：存在是其所是，它在自身中是否能有回答“哪一个”这问题的“这一个”这一规定吗？总之，问题只有在世界之中被设定时才能有意义。因此，自为面对这一个在场而不是面对那一个在场，那是因为正是它的在场使得有了一个“这一个”而不是有“那一个”。然而，我们的例证向我们表明了一个具体地否认了这样一个特殊存在的自为。但是，这是因为在我们想首先阐明其否定性的关系时，我们已描述了认识关系。在这个意义下，正像在这个例证里揭示的，这种否定性已经是第二位的。作为原始超越性的否定性不是从一个“这个”出发被规定的，相反是它使一个这个存在。自为的原始在场是面对存在在场。那么我们能说它是面对整个存在在场吗？那我们就又陷入了我们前面犯的错误。因为整体只能通过自为而成为存在。事实上，整体假定了一个准多样性的各项间的内在的存在关系，以同样的方式，一个多样性为了是这个多样性，假设了它的各成分间整体化的内在关系：正是在这个意义下，相加本身才是一种综合活动。整体之能成为各种存在，只是由于一个不得不在它们的在场中是它自己固有整体的存在。自为的情况恰恰是这样，它是永无止境地时间化着的被瓦解的整体。正是在自为的面对存在在场中，自为使得“有”整个存在。事实上我们当然懂得，这一个存在只能基于整个存在的在场而被命名。这并不意味着一个存在为了存在就需要整个存在，而是意味着自为是在面对大全的实现着的在场的原始基质上实现为面对这个存在实

现着的在场。但是反过来说,整体作为种种“这个”的本体论的内在关系,只能在特殊的种种“这个”中并通过它们被揭示出来。这意味着自为作为面对种种“这个”的实现着的在场,自身实现为面对整个存在的实现着的在场;它又作为面对整个存在的实现着的在场,自身实现为面对种种特殊的“这个”的实现着的在场。换言之,自为之面对世界在场只能通过它的面对一个或几个特殊事物的在场来实现;反之亦然,它的面对一个特殊事物的在场只能在面对世界在场的基质上实现,知觉只在面对世界在场的本体论基质上展现,而世界被具体地揭示为每种特殊知觉的基质。剩下要解释的是自为对存在的涌现如何能使得有一个整体和一些这个存在。

自为面对存在的作为整体的在场源于自为不得不按是其所不是和不是其所是的方式是它自己的作为被瓦解的整体的整体。事实上,既然它在同一个作为整体的涌现中使自己成为不是这个存在的东西,存在在它这个整体面前就总是自为不是的东西。原始的否定其实是彻底的否定。在存在面前总是其自己的整体的自为,由于本身是否定的大全而是对大全的否定。这样,完成了的整体或世界被揭示为整体存在由之而出并进入存在的那个未完成的整体之存在的构成。正是通过世界,自为使自己对自身显示为被瓦解的整体,这意味着,自为通过其涌现本身使自身成为对作为整体的存在之揭示,因为自为不得不按被瓦解方式成为它自己的整体。这样,自为的意义本身在存在中是在外面的,但是存在的意义正是通过自为显现出来的。存在的这种整体化没有添加什么到存在上,它只不过是存在用以揭示自己不是自为的方式,是使得有存

在的方式;它在自为之外显现,是不可触及的;它规定了在其存在中的自为的东西。但是,把存在揭示为整体的活动不是触及了存在,正如计算桌子上的两只杯子并没有达到任何一只杯子的存在或本性一样。然而这也不是自为的纯粹主观的变化,因为,相反,正是由于它,一切主观性才成为可能。但是,如果自为确是使得"有"存在的虚无,从一开始它就只能有作为整体的存在。这样一来,认识就是世界;正像海德格尔所说的:世界,除此之外,什么也没有。只是这个"乌有"一开始就不是那个人的实在的其中显露的东西。这个乌有是人的实在本身,是世界由之被揭示出来的彻底否定。而且当然,唯有把世界理解为整体才使得支持并包容着这个整体的虚无在世界方面显现出来。甚至正是这个虚无作为总留在整体之外的绝对乌有才这样规定整体:正是为此整体化才没有添加什么东西到存在上,因为它只是作为对存在的限制的虚无显现的结果。但是这个虚无不是任何物,否则人的实在就会认为自己被排除于存在之外,而且永远超乎存在同这个乌有交往。应该再说一遍:人的实在是把存在揭示为整体的那个东西——或者人的实在是使得存在之外"有"了乌有的那个东西。这个乌有是作为"有"一个世界彼在的可能性,这样一来:1. 这个可能性才把存在揭示为世界;2. 人的实在才不得不是这种可能性——与面对存在的原始在场一起,构成自我性的圈子。

但是,人的实在成为否定的不完满整体,只是因为它超出了它不得不是的,作为面对存在的现实在场的具体否定。如果它事实上是(对)混合而未分化的否定(的)纯粹意识,它就不能规定自身,并因此也不能是它的规定的哪怕是被瓦解的具体整体。它是整体只是因为它通过它所有别的否定避开了它现在是的那个具体否定：它的存在是它自己的整体，也只能就其是向着它不得不是的整体来超越它所是的不完全的结构而言。否则，它就是它直接是的东西，而不能被认为是整体或非整体。因此，一个不完全的否定结构应该在我所是的那个未分化的否定（这结构是这否定的一部分）的基质上显现，在这个意义下，我通过自在的存在使自己表现为我应该不是的某个具体实在。我现在不是的存在，由于是在存在整体的基质上显现的，就是这个。这个，就是我现在不是的东西，因为我不得不是存在的乌有；这一个在存在的未分化基质上被揭示出来，以便我表现为在我的诸否定的整体化基质上不得不是的那个具体否定。大全和“这个”的这种原始关系来源于“格式塔理论”阐明的基质和形式之间的关系。“这个”总是在一个基质中显现，就是说在存在的未分化整体中显现，因为自为是对它的彻底而混合的否定。但是每当另一个“这个”涌现时，它总能稀释于这个未分化的整体中去。但是此一这个或此一形式在基质中的显现，由于与那种在一彻底否定的混合基质中的我自己的具体否定显现互相关联，而意味着我同时又是又不是这个整体否定，或不如说，我按“不是”的方式是这个否定，我按是的方式不是这个否定。其实，只是以这样的方式在场的否定才在它所不是的彻底否定的基质上显现出来。否则，它就事实上被完全切断，或者溶化在那彻底否定之中了。这个在大全中的显现是与自为这对自身的否定互相关联的。有一个这个，是因为我还不是我将来的否定，也因为我不再是我过去的否定。对这个的揭示假定：随着另一些否定的后退，在基质的混合消失中“强调”某一个否定，就是说，自为只能作为后退地

构成彻底否定的整体的否定而存在。自为不是世界、空间性、永恒性、物质，总之不是一般的自在，它的不是它们的方式是这样的：在否定性的整个基质上它应该不是这张桌子、这个杯子、这间房间。因此，此一这个假设了一个对否定的否定——然而是一个不得不是它所否认的彻底否定的否定，一个不再由本体论线索联到那彻底否定上的否定，一个总是准备好在另一“这个”的涌现处融合到那彻底否定中的否定。在这个意义下，“这个”被揭示为这个，是通过一切别的“这个”“在世界这基质中后退”，它的规定——这是一切规定的起源——是一个否定。我们当然懂得，从“这个”的角度看，这否定完全是理想的。它没有使存在增加什么，也没有使它减少什么。被看作“这个”的存在是其所是，而且永远是其所是，它不变化。因此，它既不能作为整体的一部分在自身之外而在整体之中，也不能以在自身之外而在整体之中来否认自身与整体的同一性。否定只能通过不得不同时面对存在整体而又面对“这个”的在场的那个存在——就是说通过出神的存在——而成为这个。然而由于它使未经触动的这个保持为自在的存在，由于它并不把所有的这个实在地综合为整体，对这个的构成性的否定则成为一种对外在型的否定，“这个”与整体的关系是一种外在的关系。这样，我们看到，规定显现为与我所是的那种内在的、彻底的和出神的否定相关的外在否定。这才是对同时被揭示为综合整体和所有“这个”单纯相加而成的集合的世界的暧昧性的解释。事实上，只要世界被揭示为自为在其中不得不彻底地是其自己的虚无的那样一个整体，世界就作为未分化的混合体来在场。但是既然这个彻底的虚无化总因此是一个具体的、现时的虚无化，世界就总显现得像一口箱子一样打开以便让一个或数个“这个”显现，这些“这个”在基质的未分化状态的中心已经是它们现在作为已分化的形式所是的东西。这样，当我们逐步接近通过一大堆东西显现在我们面前的风景时，我们看到，那作为已经在那里的，作为“这个”的间断集合成分的对象显现出来；这样，在格式塔理论的经验中，连续的基质被理解为形式的同时，它又爆裂为大量间断的成分。这样，在世界不是实在的综合，而是乌有对诸多这个之集合的理想限定这个意义下，相关于一个被化整为零的整体的世界显现为一个渐趋消逝的整体。这样，作为基质的形式性质的连续，就使间断显现为这个和整体之间外在的关系类型。所谓空间，恰恰就是整体向着集合，连续向着间断的这种永恒逐渐消逝。空间其实不可能是一个存在。它是相互没有任何关系的各存在之间的一种运动的关系。它是各自在的完整独立性，因为这独立性向面对“整个”自在在场的一个存在揭示为就另一些存在而言的一些存在的独立性；这是一些存在能据以向使关系进入世界的存在表明自己是没有任何关系的唯一方式，就是说空间是纯粹的外在性。然而由于这种外在性不能属于上述诸“这个”中的任一这个，又由于作为纯粹局部的否定性它是对自身的解构，它就既不能是自我地存在，又不能是“被存在的”。空间化存在是同时面对整体和这个的在场的自为；空间不是世界，而是被当作整体的世界的不稳定性，因为它总能被分解为外在的多样性。空间既不是基质也不是形式，而是基质的理想性，因为基质总能分解为形式，空间既不是连续也不是间断，而是由连续向间断的永恒过渡。空间的存在证明自为在使得有存在时没有增加什么到存在上，它是综合的理想性。在这个意义下，就其是从世

界获得起源而言，它是整体，而同时又是*乌有*，因为它导致诸*这个*的麇集。它不让具体有直观理解自己，因为它*不存在*而是被连续地空间化。它依赖时间性并在时间性中显现出来，因为它只能通过其存在方式就是时间化的那种存在来到世界上，因为它是存在为了实现存在用以出神地消逝的方式。*这个*的空间特性并不综合地增添到这个上，空间特性只是这个的“位置”，即它与基质的外在关系，因为这种关系能在基质本身分解为大量形式时消解到与别的一些“*这个*”的大量外在关系中。在这个意义下，设想空间是我们的感性对现象的*先天*结构提出的形式是徒劳的：空间不可能是形式，因为它*什么也不是*；相反，它标志着乌有，如果不是否定的话——而且还是作为一类保持其统一的东西的原来状态的外在关系——不能被自为带进自在。至于自为，它之所以不是空间，是因为它恰恰被理解为不是自在的存在，因为自在以所谓广延的外在方式向它揭示出来。恰恰因为它把自己当作出神的而同时又否认自身的外在性，它才空间化为空间。因为自为与自在的关系并非一种并排列置亦非一种未分化的外在性：它与自在的作为一切关系的基础的关系就是内在的否定，而且，只有它才是使自在的存在就别的一些存在于世界中的存在而言成为未分化的外在性的东西。当未分化的外在性被实体化为自在及自己存在的实体时——这只能产生于认识的低级阶段——它成为一种几何学名下的特殊研究类型的对象，并成为关于多样性的抽象理论的一种纯粹规定。

剩下要规定的是哪类存在拥有通过自为来到世界上的外在否定。我们知道，它不属于*这个*：这张报纸不否认它自身是它在上面出现的桌子，否则它就会是出神地在自我之外而在它否认的桌子上，而且它与桌子的关系就会是一种内在的否定；它甚至因此不再是自在以便变成自为。因此，对“这个”的规定关系既不能属于这个也不能属于那个；它环绕它们而没有触及它们，没有给它们哪怕一点点新特性；它仍让它们是其所是。在这个意义下，我们应该修改斯宾诺莎的有名公式：“一切规定都是否定”，黑格尔说这个公式的丰富性是无限的，而且我们应该宁可宣称，一切不属于那种不得不是其自己的规定的存在的规定，都是理想的否定。此外不能想象它会是别样的。即使我们按经验批判的心理主义方式把一切事物都看成纯粹主观的内容，也不能设想主体在这些内容之间实现了内在的综合否定而在那种排除了一切向客观性过渡的希望的彻底的出神状态的内在性中又没有这些内容的存在。我们更不能想象自为在它所不是的各种超越之间进行畸变的综合否定。在这个意义下，如果我们把客观的东西理解为根本上属于自在的东西——或把它理解为以这样那样的方式实在地把对象构成如它所是的那样的东西，那么构成此一“这个”的外在否定就不能表现出事物的客观特性。但是我们不应该由此得出结论说外在的否定有一种像是自为的纯粹存在样式的那种主观存在。这类自为的存在是纯粹内在的否定，外在否定在它之中的存在对它的存在本身似乎作废了。因此，这外在否定不可能是组织，归整这些现象的方式，因为这些现象只是些主观的幻影，这外在否定同样不能使存在“主观化”，因为它的揭示是自为构成的。因此，它的外在性甚至要求它“悬而未决”，像外在于自在一样外在于自为。但是另一方面，恰恰因为它是外在性，它就不能自己存在，它拒绝一切支撑物，它根本上是非自立的，然而却不能相关于任何实体。它是乌有。正

因为墨水瓶不是桌子——也同样不是烟斗或杯子等——我们才能把它当作墨水瓶。然而，如果我说：墨水瓶不是桌子，我就是在想乌有。这样，规定就是一个乌有，这个乌有既不作为内在的结构属于事物，也同样不属于意识，而它的存在是被自为援引的，而这种援引是通过一个内在否定的体系，在这些内在否定中，自在未分化地向一切不是自我的东西揭示出来。既然自为通过自在使自己显示出它所不是的，按内在否定的方式，自在的未分化作为自为应该不是的未分化，就在世界上表现为规定。

三、质与量、潜在性、工具性

当"这个"在与世界或别的"这个"的外在关系之外被构成时，质只不过是"这个"的存在。人们过于经常地把它设想为单纯主观的规定，而那时它的质—存在，已经与心理的主观性混同起来。因而看来，问题尤其是要解释那种被看成诸质的超越统一的对象—极的结构。我们曾指出，这个问题是不可解决的。一种质如果是主观的就不会被客观化。要是假设我们把对象一极的统一体抛到了各种质之外，则任何一种质充其量直接表现为事物作用于我们而产生的主观结果。但是柠檬的黄色不是把握柠檬的主观方式：它就是柠檬。而且说未知的对象显现为把诸消失的质结合在一起的空洞形式也同样是不对的。事实上，柠檬渗透了它的各种质，而且它的任何一种质又渗透到每一种其他的质中。柠檬的酸味，就是黄色的，柠檬的黄色就是酸的；人们吃蛋糕的颜色，而且这块蛋糕的味道是向那种我们称之为饮食直观的东西揭示其形状和颜色的工具；反过来说，如果我把手指伸进果酱罐里，这果酱的黏稠和冰冷便向我的手指揭示了它的甜味。游泳池水的流动、水的温热、水呈现出的蓝色、水的波纹的起伏是一下子互相穿透地表现出来的，所谓这个就是这种整体的互相渗透。一些画家，尤其是塞尚的经验表明的正是这一点：正像胡塞尔相信的那样，说一种综合的必然性无条件地统一了颜色和形状是不对的；而是形状就是颜色和光；画家使这些因素中的任意一种起变化时，之所以另一些也起了相应的变化，并非因为它们被人们不知道的某种法则联系起来了，而是因为它们说到底只是同一个存在。在此意义下，存在的每一种质就是存在的整体；是存在的绝对偶然性的在场，是其未分化的不可还原性；把握质并没有给存在增添什么，无非是说出了有作为这个的存在这一事实。在此意义下，质不是存在的外貌：因为存在没有"内"也不可能有"外"。只不过，为了有质，对根本上不是存在的虚无来说必须有存在。然而，存在并不自在地是质，尽管它不多不少正好是质。而质，就是在"有"的限度内被揭示的全部存在。这全然不是存在的外表，而是整个存在，因为不是对存在而言，而是对使自己不是存在的东西而言才能有存在。自为与质的关系是本体论的关系。对质的直观不是对给定物的被动静观，而且精神不是一种在这静观中总是其所是的，即在与被静观的这个的关系中保持一种未分化的样式的自在。但是自为通过质使自己表明了它不是什么。知觉到红是这本练习本的颜色，就是反映出它自己是对这种质的内在否定。就是说，对质的理解不像胡塞尔想的那样是"充实"(Erfüllung)，而是报道一个虚空，一个关于这种质的被规定的虚空。在此意义下，质是不可触及的永恒在场。对认识的描述往往太粗陋了。在认识论哲学中还保留着过多的前逻辑主

义，而且我们还没有摆脱那样一种原始的幻觉（我们在下面还要分析它），按这种幻觉，认识，就是吃，就是吞噬被认识的对象，用它充实（Erfüllung）自己，并且消化它（“同化”）。我们将进一步分析知觉的原始现象，同时坚持质（对我们而言）是保持在一种绝对接近的关系中的这一事实——它“在此”，它纠缠着我们——既不表现自己也不否认自己，但是必须补充一点；这种接近意味着有距离，它不是直接可及的东西，它是根据定义使我们称自己为虚空，对它的静观只能增加我们对存在的渴望，就像目睹不可及的食物增强坦塔罗斯的饥饿一样[①]。质指出了我们所不是的，并且指出我们否认的存在样式。知觉到白色就是意识到自为作为颜色存在这一原则上的不可能性，就是说自为作为其所是而存在是不可能的。在此意义下，不仅存在与它的各种质没有区别，而且对质的任何理解都是对这个的理解。质，不管是什么质，都对我们揭示为一个存在。我闭上眼睛突然闻到的气味，甚至在我把它归为一个散发气味的对象之前，就已经是一个气味存在，而不是一个主观印象；早晨透过我闭着的眼帘刺激我眼睛的日光，已经是一种光线存在。质存在，这点只要略加思索似乎就很明白。作为是其所是的存在，质当然能对一个主观性显现，但是它不能纳入那个是其所不是又不是其所是的主观性的网络。说质是质的存在，决不是赋予它一种类似于实体的神秘支撑物，而只是说，它的存在样式完全不同于

---

① Tantale：坦塔罗斯是希腊神话中大神宙斯之子，因泄露天机被罚永世站在上有果树的水中，水深及下巴，口渴想喝水时，水即减退，腹饥想吃果子时，树枝即升高。——译注

"自为"的存在样式。白色或酸味的存在事实上完全不可能被当作出神的。现在,如果有人问,"这个"有"一些"质是怎么一回事,我们就会回答说,事实上,"这个"是作为整体从世界这基质中被解放出来的,并且表现为未分化的统一。正是自为才能以不同的观点面对此一这个来否认自己,并揭示质为事物基质上的一个新的这个。对于任何一个使自为的自由自发地构成其存在的否定活动,都有一个"从一个侧面"对存在的整体揭示。这个侧面只不过是被自为本身实现的事物与自为的关系。这是对否定性的绝对规定:因为无论是自为由于原始的否定不是存在,还是它不是这个存在都还不够,为了使作为存在的虚无的它的这一规定充实,它还必须把自己实现为不是这个存在的某种不可取代的方式;而且这种把质规定为此一这个的一个侧面的绝对规定属于自为的自由;它不存在;它作为"要存在"而存在;对事物的一种质的揭示是那么经常地显现为一种无根据的事实,而这个事实是通过自由把握的;正是鉴于这一点,每个人都能够让自己去表现质。我不能使这个果皮不是绿色的,但是正是我使我把它当作绿色的粗糙物或粗糙的绿东西。只不过基质形式的关系与这个和世界的关系是相当不同的。因为,形式不是在未分化的基质中显现出来的,它完全被基质所渗透,它把基质包容在自身中当作它固有的未分化致密物。如果我把果皮看成绿色的,它的"光泽－粗糙"就被揭示为未分化的内在基质和对绿色而言的存在的充实。在抽象分离了统一的东西的意义下,这里完全没有抽象,因为存在在它的侧面中总表现出完全的整体。但是存在的实现是抽象的条件,因为抽象不是对"悬在空中"的质的把握,而是对内在基质的未分化性在其中趋于绝对平

衡的质一这个的把握。抽象的绿色没有失去其存在的致密性——否则它就只不过是自为的主观样式——而是通过它表现出来的光泽、形状、粗糙等消失在单纯团块性的虚无化的平衡之中。然而，抽象是面对存在在场的现象，因为抽象的存在保留着它的超越性。但是抽象只能把自己实现为超乎存在之外的面对存在在场：它就是一个超越。只是在可能性的水平上，并且只是因为自为不得不是它自己的可能性，这种面对存在的在场才被实现。抽象物被揭示为这样一种意义，即质不得不作为面对一个将来的自为的在场的共同在场。这样，抽象的绿色是具体的这个的将来的意义，因为它通过它的“绿色－光泽－粗糙”的侧面向我显露，它是这个侧面的特殊的可能性，因为这可能性是通过我所是的诸种可能性揭示出来的；就是说因为这可能性是被存在。但是这使我们回到世界的工具性和时间性的问题：我们以后还会要谈论这个问题。而现在，我们只需说抽象作为固定在那具体不得不是的自在中的可能性纠缠着具体。无论作为与存在的最初接触的我们的知觉可能是什么，抽象总是在此，但它是将来的，而且我正是在将来中，以我的将来把握了它：它与作为只不过是此一否定的我的当下具体的否定的可能性互相关联。抽象就是这个的意义，因为它通过我的把我不得不是的那种否定固定在自在中的这种可能性在未来揭示自身。假如有人向我们重提对抽象的那些古典的疑难，我们会回答说，它们的产生是因为假设了这个的结构和抽象活动的区别。当然，如果这个不包含它自己的抽象物，就绝不可能在后来把它抽取出来。但是，正是在把这个构成为这个的过程中，抽象作为对我的将来的揭示的一个侧面起作用。自为之所以是“抽象者”，并非因为它能实现抽象这种心理活动，而是因为它作为连带一个将来、即连带一种超乎存在之外的、面对存在的在场突现出来。自在的存在既不是具体的也不是抽象的，既不是现在的也不是将来的：它是其所是。然而抽象并没有使存在充实起来，它只不过是揭示了超乎存在之外的存在之虚无。但是我们只是对那些古典的有关抽象的观点提出诘难而没有要读者脱离把存在认作这个的观点。

诸种这个之间的原始关系既不可能是互相作用，也不可能是因果关系，甚至不可能是在世界这同一基质中的涌现。事实上如果我们假设自为是面对一个这个的在场，别的各种这个就同时"在世界上"存在，但它们是凭着未分化的存在来存在的：它们构成基质，这个在其上突起。为了在一个这个和另一个这个之间建立任意一种关系，第二个这个就必须在因自为不得不是的明确否定而从世界这基质中涌现时被揭示出来。但是同时，每一个这个都应该由于纯粹外在类型的否定而不是别的并与别的保持着距离。这样，这个和那个的原始关系就是一种外在的否定。那个便作为不是这个显现出来。而且这种外在的否定对自为揭示为一种超越的东西，它是外在的，是自在。我们应该如何理解它呢？

这个—那个的显现只能一开始就作为整体产生。最初的关系在这里是不可分解的整体：自为整体地规定自己不是世界基质上的"这个—那个"。"这个—那个"就是我的整个房间，因为我是面对它在场的。这种具体的否定在具体的整体分解为这个和那个时不会消失。相反，它是分解的条件本身。但在在场的这种基质中，并通过在场的这种基质，存在使其未分化的外在性显现出来：这否定对我揭示：我所是的否定是一种多样的统一，或不如说是一个未

分化的整体。我向存在中的否定涌现被分成一些除了是我不得不是的否定之外没有别的联系的独立否定,就是说被分成一些从我这里而不是从存在那里获得其内在统一的独立否定。我是面对这张桌子,这些椅子在场的,而且像这样,我把自己综合地构成为一个多方面的否定,不过是纯粹内在的否定,因为它是对存在的否定,被虚无的区域所凝固;它作为否定使自己虚无化,它是被瓦解的否定。存在的未分化通过我作为我自己的否定的虚无不得不是的虚无的这些犁痕表现出来。但是这种未分化,我不得不通过这种否定的虚无实现它,这不是因为我一开始就是面对“这个”在场的,而是因为我也是面对那个在场的。正是在我面对桌子的在场中并通过这种在场,我把椅子的未分化——我恰恰应该不是椅子——实现为没有跳板的未分化,即“不存在”的跳跃的中止,循环的一次中断。在把整体揭示为我决不能用来决定自己不是这个的东西时,那个在这个旁边出现。这样,分划是来自存在的,但只有通过自为对整个存在的在场才有区划和区分。对各种否定的统一的否定,由于揭示了存在的未分化及把握了这个对那个及那个对这个的未分化,而揭示出诸种这个之间的原始关系是外在的否定。这个不是那个。这种在不可分解的整体的统一中的外在否定是用“和”(et)这个词来说明的。“这个不是那个”被写成“这个和那个”。外在的否定有两重特性:是自在又是纯粹的理想性。它是自在是因为它完全不属于自为,甚至正是通过其固有否定的绝对内在性(因为我是在审美直观中领会想象的对象)自为发现存在的未分化是外在性。此外,问题决不在于存在不得不是的一种否定,它不属于任何上述的这个;它单纯地存在,它是其所是。但是同时它决不是这个的一种特性，它不是作为它的一种质存在。它甚至是完全独立于这个的，这恰恰是因为它既不属于这个又不属于另一个。因为如果存在的未分化是乌有，我们就既不能思考它又不能知觉它。它单纯意味着那个的虚无化或多样化不能把诸种这个投入于乌有之中；在这个意义下，它只是分离开各个这个的自在的虚无，而且这个虚无是意识能用以实现表现存在特征的同一性聚合的唯一方式。这个理想的、自在的虚无就是量。量其实是纯粹的外在性；它完全不依赖相加的各项，而只是肯定它们的独立性。计数就是在不可分解而又已经给定的整体内造成一种理想的区分。由相加获得的数既不属于任何一个被计数的这个，又同样不属于不可分解的整体，因为它被揭示为整体。这三个人在我面前说话，不是因为我首先把他们当作“交谈的一组”我才计算他们的人数；而是数出他们是三个人的活动完全保留了他们这组人的具体的原封未动的统一。这不是像“三人之群”那样的群体的具体性质。但是这同样不是它的成员的性质。对他们中的任何一个都不能说他是三，也同样不能说他是第三，因为第三这性质只是计数的自为的自由的反映；他们中的任何一个都能是第三，他们中的任何一个又都不是第三。因此，量的关系是一种自在的关系，然而是纯粹外在性的否定的关系。而且恰恰因为量既不属于事物又不属于整体，它是孤立的，而且在世界的表面清楚地表现为虚无在存在上的反映。作为诸这个之间的纯粹外在的关系，它本身是外在于各个这个的，而且，最终，是外在于它本身的。它是存在的不可把握的未分化——只有在有存在时它才能显现出来，并且尽管属于存在，它却只能从自为来到存在，因为这种未分化只能通过应该外在于存

在和其本身的一种外在性关系的无穷外在化而被揭示出来。这样，空间和量只是同一类否定。只是由于这个和那个被揭示为对于是我固有关系的那个我没有任何关系，空间和量才来到世界上；因为它们都是没有任何关系的那些事物的关系，亦即被是其自己的虚无的那种存在当作关系的那关系的虚无。正是为此，人们能看到，人们和胡塞尔一起称之为范畴的（整体对于部分的统一－多样性－关系——多和少——在……四周——在……旁边——跟随——第一、第二、等——一、二、三、等——在内和在外——等）只是事物的理想连接，它让事物完全原封不动地保留下来，一丁点儿也没有增添或减少它们，而且，事物只指出了自为的自由能用来实现存在的未分化的方式的无限多样性。

我们论述了自为与自在的原始关系问题，犹如自为就成了那类能向着笛卡尔的我思来被揭示的单纯瞬间的意识。真正说来，我们已遇见了自为对自我的逃避，因为它对诸这个和诸抽象的显现来说是必要条件。但是自为的出神性质还只是隐隐约约的。即使我们为了陈述的清晰不得不这样进行讨论，也不应该由此得出结论说，存在向一个最初在场以便后来一下子构成一个将来的存在揭示出来。但是自在的存在正是向着一个作为向自我本身的将来涌现出来的存在揭示的。这意味着，自为在面对存在在场时使自己成为的那个否定有将来这出神的一维：正因为我不是我所是（与我自己的诸可能性的出神关系），我才不得不作为揭示了此一这个的实现而又不是自在的存在。这意味着，我是面对此一这个的在场且又是非整体化的整体的未完成状态。就对这个的揭示而言，这可以得出什么结论呢？

既然我总在我所是的东西之外，是向我本身的将来，我面对其在场的这个就向我显现为我向着我本身所超越的某物。被知觉的一开始就是被超越的，它像是一个在自我性圈子中的引导者，并且在这圈子的限度内显现。就我使自己成为对此一这个的否定而言，我从此一否定逃向一个互补的否定，逃避第二个否定与逃避第一个一样应该使我所是的自在显现；而这个可能的否定和第一个否定之间有一种存在的联结，它不是任意的，而恰恰是对于我面对事物的在场的互补的否定。但是，由于自为作为在场构成自身为(对)自我(的)非位置意识，它就通过存在并在自身之外，显示为它所不是的东西；它以"反映一反映者"的方式重新获得了它外在的存在；因此，它所是的互补否定，作为其固有的可能性，就是在场一否定，就是说，自为作为(对)自我(的)非正题意识和对超乎存在之外的存在的正题意识不得不是这否定。而且超乎存在之外的存在与那在场的这个相关，不是由于任意一种外在性关系，而是由于一种总与自为和其未来的关系保持密切的相互关系的明确的互补联系。而首先，此一这个在对如下的存在的否定中被揭示，这个存在之使自己不是这个，不是作为简单的在场，而是作为是向其本身的将来的那种否定，它是超乎它的现在之外的它自己的可能性。这种可能性因为纠缠着纯粹的在场，而且是作为其不可及的意义和它为成为自在所欠缺的东西纠缠着这在场，它首先就以一个作为干预的当下否定的计划过程来存在。事实上，任何否定，如果超乎它本身之外，在作为走向它及它逃向的可能性的未来中，没有任何干预的意义，它也就失去了其一切否定的意义。自为"以这未来的一维"否定了它否定的东西，问题或许是在于一种外在的否定：这

个不是那个，这把椅子不是一张桌子——或许是在于一种建立在自身之上的内在否定。说“这个不是那个”，就是设定“这个”在对“那个”的关系中的外在性，或许是在现在和未来——或许是在严格意义下的“现在”，但是那时否定就有了一种暂时性，这种暂时性把将来构成为相对于表现“这个和那个”的规定而言的纯粹外在性。在这两种情况下，意义都是从将来出发进入否定的；任何否定都是出神的。既然自为以将来否定自己，它使自己去否定的这个就被揭示为从将来进入它自身的。意识作为(对)不能不是这个(的)意识非正题地存在，这种可能性被揭示为是其所是的这个的潜在性。对象的最初潜在性，作为与干预的互相关联，否定的本体论结构，就是恒常性，恒常性恒常地从将来这基质走向它。把桌子揭示为桌子要求桌子的恒常性，这恒常性便从将来走向这桌子，它不是纯粹被建立起来的给定物，而是一种潜在性。此外，这种恒常性也不是从处在时间的无限性中的将来那里走向桌子的：无限的时间还不存在；桌子并不被揭示为有那种无定限地成为桌子的可能性。在这里涉及的时间既不是有限的也不是无限的：只有潜在性使将来这一维显现出来。

但是，否定的将来的意义是要成为自为的否定为变成自在的否定所欠缺的东西。在这个意义下，否定是现在的否定在将来的明确化。作为与我不得不是的严格否定的互相关联，我应该不是的东西的严格意义正是在未来被揭示出来的。对这个(绿色在其中由“粗糙——光泽”整体形成)的多方面否定，只有当它不得不是对绿色的否定，即对——绿色—存在——那个趋向于未分化状态的平衡之基质的否定时，才获得其意义：总之，我的多方面否定的不在场的意义，就是一种把更纯粹绿色的绿色压进未分化基质中去的否定。这样，纯粹的绿色就从作为其意义的将来这基质中进入了“绿色一粗糙一光泽”。这里，我们把握住了我们曾称为抽象的东西的意义。存在者并不拥有其作为现时的质的本质。它正是对本质的否定：绿色决不是绿的。反而是本质作为决没有给出而又总是纠缠着它的意义从将来这基质进入存在者。它是我的否定的纯粹理想性的纯粹相关物。在这个意义下，如果人们把抽象作用理解为一种被构成的精神所进行的选择的心理的和肯定的活动，那就从来没有过抽象作用。人们远不是从事物中抽象出某些质的，相反必须看到，抽象这自为的原始存在方式，对一般意义上说的有事物及世界是必须的。抽象是对具体的涌现必要的世界的结构，而具体之为具体只是因为它走向自己的抽象，因为它通过抽象显示出它所是的：自为在其存在中是“揭示者一抽象者”。人们知道，按这个观点，恒常性和抽象是一回事。桌子作为桌子之所以有恒常性的潜在性，正是就它不得不是桌子而言的。恒常性，对一个“这个”而言，是与其本质相符的纯粹可能性。

在本书第二卷我们已看到，我所是的可能和我逃离的现在都处在欠缺者与所欠缺物之间的关系中。欠缺者以及所欠缺物的理想的融合，作为不可实现的整体，纠缠着自为，并将正在其存在中的自为构成为存在的虚无。我们说，这就是自为的自在，或价值。但是这价值，在未反思的水平上，没有被自为正题地把握，它只是存在的条件。如果我们的推理是正确的，对一种不能实现的融合的恒常指示就不应该显现为未反思意识的结构，而应该显现为对对象的一种理想结构的超越指示。这种结构能很容易地被揭示；

由于对多方面否定的一种融合的指示与是其意义的抽象否定互相关联，一种超越而理想的指示应该揭示出来：对存在着的这个与其将来的本质的融合的指示。而且这种融合应该是这样：抽象是具体的基础，而同时具体是抽象的基础：换句话说，“本人”的具体存在应该是本质，本质本身应该作为完全的具体化，就是说带着具体的全部丰富性产生出来，然而我们又不能在其中发现除它本身的全部纯粹性之外的别的东西。或不如说，形式本身应该是——而且完全是——它自己的质料。反之亦然，质料应该作为绝对的形式产生出来。这种不可能的，永远被指示着的本质和存在的融合既不属于现在也不属于将来，不如说它指示着过去，现在和将来的融合，并且表现为时间性整体所进行着的综合。这就是作为超越性的价值；人们称之为美。因此，美表现世界的一种理想状态，相关于自为的理想实现，事物的本质和存在在其中被揭示为与那在这种揭示本身中与它本身一起融合到自在的绝对统一中的存在同一。这正因为美不仅是进行着的超越综合，而且只能在我们本身的整体化中并通过这整体化而实现，正是为此我们需要美的东西，并且就我们把我们本身当作一种欠缺而言，我们认为宇宙是欠缺美的。但是，正如自为的自在不是自为固有的可能性一样，美也不是事物的潜在性。它作为一种不能实现的东西纠缠着世界。就人在世界上实现了美而言，他是以想象的方式实现它的。这意味着，在美学直观中，我由于是在想象中实现我本身，而把一个想象的对象理解为自在和自为的整体。通常，美，作为价值，不是主题地被理解为世上达不到的价值的。它暗含地被理解为在事物上的不在场的东西，它通过世界的不完满暗含地被揭示出来。

这些原始的潜在性不是仅有的表明此一这个的特性的东西。事实上，就自为不得不是在它的现在之外的它的存在而言，它揭示了一个特定存在的彼在，这个存在是从存在的基质来到“这个”之中的。既然自为超乎那与将来的满月这超乎存在之外的存在相比较而言的新月，满月就变成了新月的潜在性；既然自为超乎那与花朵相比较而言的花蕾，花朵就是花蕾的潜在性。对这些新潜在性的揭示包含与过去的原始关系。新月和满月，花蕾和花朵的联系正是在过去被逐渐发现的。自为的过去对自为而言是知。但是这知并不总是作为一种惰性的给定。它在自为背后，也许是那么不能把握，那么不可企及。但是，在它的存在的出神统一中，正是从这个过去出发，自为使自己表明它将来是什么。我关于月亮的知作为主题的认识逃避了我。但是我就是这个知，而且我的存在方式就是——至少在某些情况下——在那种我还不是的东西的形式下使那我不再是的东西进入我。我以双重方式是那种对我曾经是的此一这个的否定：以不再是的方式和还不是的方式。我超乎作为对满月的彻底否定的可能性的新月之外，而且，相关于那种从我将来的否定到我的现时在场的回转，满月转向新月以便在这个中把它规定为否定：满月是它所欠缺的东西，而所缺乏的东西使它作为新月存在。这样，在同一本体论的否定之统一中，我把将来这一维赋予作为新月的新月——在恒常和本质的形式下——而且是通过使对它所欠缺的东西的规定回转向它来把它构成新月的。这样，从恒常性的潜能的潜在性阶梯就形成了。人的实在，在向自己的否定可能性超越时，使自己成为那种可使否定通过超越进入世界的东西：正是由于人的实在，欠缺才在“潜能”、“未完成”、“延

缓”、“潜在性”的形式下进入诸事物。

尽管如此，欠缺的超越存在在内在性中不可能有出神欠缺的本性。让我们好好看看。自在并非不得不以还不是的方式是它自己的潜在性。揭示自在根本上是揭示未分化的同一性。自在是其所是，它的存在没有任何出神的离散。因此，它并非不得不是它的恒常性，或它的本质，或它所欠缺的欠缺者，就像我不得不是我的将来那样。我在世界上的涌现相应地使各种潜在性涌现出来。但是，这些潜在性被固定在它们的涌现本身中，它们被外在性所侵蚀。在这里，我们遇到了暧昧地产生空间的那种超越的两种外貌：在各种外在性的关系中被离散的一个整体。潜在性从将来这基质回到此一这个上面以便规定它，但是作为自在的这个与其潜在性的关系是一种外在的关系。新月被规定为欠缺者，或失去者——是对满月而言。但是同时，它被揭示为完全是其所是，是天空中那个具体的符号，不需要任何东西而是其所是。对是其所是的这花蕾和这火柴来说也完全一样。它是火柴，这意义对它来说总是外在的，它也许能擦燃，但是现在，它是有黑头的一段白木头。这个的潜在性尽管与这个有确实的关系，却仍表明自己是些自在，并且处于对它而言的未分化状态。这个被扔到壁炉的大理石板上的墨水瓶可能被打碎，但是，这种潜在性完全与它分离开了，因为它只是那种我把它扔到壁炉大理石上的可能性的超越的相互关系。在它本身中，它既不是可被打碎的，也不是不能被打碎的：它存在。这并不意味着我能在任何潜在性之外考察一个这个：只是由于我是我自己的将来，这个就被揭示为具有潜在性的：把火柴当作有黑头的白木棍，这并没有剥去它的全部潜在性，而只是给了它一些新

的潜在性(一种新的恒常性——一种新本质)。为了完全剥去“这个”的潜在性,我就必须是纯粹的现在,这是不可想象的。不过,此一这个有各种等价的——即处于对它而言是等价的状态中的——潜在性。因为事实上它并非不得不是它们。而且,我的诸种可能性并不存在,而是被可能化着,因为它们被我的自由从内部侵蚀着。就是说,不管我的可能是什么,它的反面同样是可能的。我能打碎这个墨水瓶,但也能在抽屉里把它摆好:我能超乎新月之外追求满月,但同样也能要求新月作为新月的恒常性。因此,墨水瓶被发现是具有各种等价的可能的:被置放在抽屉里,被摔碎。这弯新月可以是天空中一条开放的曲线,也可以是迟现的月轮。这些潜在性,由于回到此一这个上面而不是通过它被存在并且也不是不得不是它的,我们称它们为或然性,以便指出,它们按自在的存在方式存在着。我的各种可能不存在:它们在可能化。但是各种或然的东西并不“或然化”:它们作为或然的东西自在地存在。在这个意义下,墨水瓶存在,但是它的作为墨水瓶的存在是一个或然的东西,因为墨水瓶的“不得不是墨水瓶”是一个立刻消失到外在关系中的纯粹显象。这些潜在性或或然性超乎存在之外,而是存在的意义,恰恰是因为它们超乎存在之外自在地存在,因此它们是些乌有。墨水瓶的本质,由于与自为可能的否定互相关联,而被存在,但是它不是墨水瓶,而且不是存在:因为它是自在的,它是实体化的、物化的否定,就是说它恰恰是一个乌有,它属于包围并规定着世界的虚无罩子。自为把墨水瓶揭示为墨水瓶。但是这揭示在墨水瓶的存在之外做出,在那个现在不存在的将来做出;存在的一切潜在性,从描述过的恒常性一直到潜在性,都被定义为存在还不

是的东西，而决非它真正不得不是它们。在这里，认识还是没有给存在增添什么或减少什么，它没有用任何新的质去装扮存在。它使得有存在，这是由于它超越存在走向一个虚无，这虚无只保持着与存在的一些外在关系：潜在性的这种纯粹虚无的特性充分表现在科学的步骤中，科学由于旨在建立单纯外在的关系，彻底消除了潜在的东西，就是说消除了本质和能力。但是，另一方面，它的必然性，作为知觉的有意义结构，完全清楚地显现出来，因为人们避免坚持它：科学认识事实上既不能突出，也不能消除知觉的潜在化结构；相反它以这结构为前提。

我们曾试图指出，自为对存在的在场如何把存在揭示为事物；而且为了表述的清楚，我们不得不相继指出了事物的不同结构：这个、空间性、恒常性、本质和潜在性。然而，不言而喻的是，这相继的表述并不等于说其中某些环节对另一些环节来说实在地在先，自为的涌现使事物连同它的诸结构整体一起被揭示出来。况且，也没有一个结构不意味着所有别的结构：此一这个甚至没有对本质而言的逻辑在先，相反它以本质为前提，反之亦然，本质是这个的本质。同样，这个，作为质—存在，只能在世界这基质中显现世界就是诸这个的集合；而世界对诸这个，诸这个对世界之间的非整合关系就是空间性。因此，这里面没有任何实体的形式，没有任何统一的原则待在现象显现的样式背后：一切都一下子给出而没有任何第一位的东西。出于同样的理由，设想任意一个表象的东西是第一位的那是错误的。我们的描述事实上引导我们去突出世界上的事物，而且，因此，我们就能尽力去相信，世界和事物在一种静观的直观中对自为揭示出来：只是在事后，对象才被互相排列成一个工具性的实践秩序。如果人们想认为，世界在自我性的圈子之内呈现出来，那就会避免这样的错误。世界是使自为和它本身分离的东西，或者，用海德格尔的表述：人的实在由之出发使自己显示他是什么东西。这种构成自我性的自为向着自我的计划完全不是静观式的静止。我们说过，那是一种欠缺，但是并不是给定的欠缺：这种欠缺不得不是它自己的对自我本身的欠缺。事实上，必须懂得，被确认的欠缺或自在的欠缺消失到外在性中；这点我们在前面已指出过。但是一个把自身构成为欠缺的存在只能在是它所欠缺又是它所是的那个那一边规定自己，简言之，通过脱离永恒的自我走向它不得不是的自我来规定自己。这意味着，欠缺只能作为被否认的欠缺而是它自己的对自我本身的欠缺：欠缺什么的东西和它所欠缺的东西之间唯一真正内在的联系，就是否认。事实上，就欠缺什么的存在不是它所欠缺的东西而言，我们在其中把握了一种否定。但是，如果这种否定不应该消失到纯粹的外在性中，——而且对一般而言的一切否定的可能性也一样——，由于它的基础对欠缺什么的存在来说是必要的，这个基础就是它所欠缺的东西。这样，否定的基础就是否定之否定。但是这个作为基础的否定不是给定的，而是那个它就是其基本环节之一的欠缺：它作为不得不存在而存在。自为使自己在“反映—反映者”的幽灵般统一中是它自己的欠缺，就是说它在否认这个欠缺的同时向着这个欠缺自我谋划。只是作为要消除的欠缺，欠缺才能是对自为而言的内在欠缺，而且自为只能因不得不是欠缺而实现它自己的欠缺，就是说因是它消除欠缺的计划而实现它自己的欠缺。这样，自为和它的将来的关系就既不是静止的，也不是给定的；而是将来由自

为进入现在以便在它内部规定它，因为自为已经在作为它的消除的将来那一边。自为只有在那里成为欠缺的消除，在这里才能是欠缺；但是它是按不是的方式不得不是这个消除的。正是这种原始关系能随后经验地确认实践的欠缺是痛苦或艰难的欠缺。一般来说，它是情感的基础；人们在使被称为趋向或嗜欲的那些偶像和幽灵进入心理时试图用精神分析法来解释的也正是这种关系。人们强行地放到心理中的那些趋向或力，本身是不可理解的，因为心理学家把它们当作自在的存在者，就是说，它们力的特性本身和它们未分化的内在静止是矛盾的，并且它们的统一散布在纯粹外在的关系中。我们只能把它们当作自为对自我的内在存在关系在自在中的反映，而且这种本体论关系恰恰就是欠缺。

但是这种欠缺不能被非反思的意识正题地把握或认识（同样反思的意识也不能把它理解为心理对象，就是说理解为趋向或情感向不纯及混杂的反省显现）。它只受纯净的反思的影响，我们在这里暂且不谈这个问题。因此，在对世界的意识的水平上，它只能在计划中显现为一种超越的和理想的特性。事实上，如果自为所欠缺的东西是面对一个超乎存在之外的存在的理想的在场，这超乎存在之外的存在就根本上被当作存在所欠缺的。这样，世界被揭示为被要实现的各种不在场所纠缠，并且每一这个都伴随着诸种指向它又规定它的不在场而显现出来。这些不在场和潜在性在本质上讲是没有区别的。不过这些不在场之意义更容易把握。这样，不在场指明此一这个为这个，反之，此一这个又指向不在场。由于每个不在场都是超乎存在之外的存在，即不在场的自在，每个这个也就指向它的存在的另一状态，或指向别的存在。但是，当然，这种指示性复合的组织固定并僵化在自在中，因为这涉及了自在，所有这些无声的或僵化的指示，在涌现的同时重新落入孤立的未分化之中，就都类似于雕像空洞的眼睛中的呆板的微笑。因而，在事物背后显现的不在场并不显现为被事物弄成在场的不在场。同样不能说它们被揭示为被我实现，因为这个“我”是只对反思意识显现的心理的超越结构。正是一些纯粹的需要作为“要填满的虚空”在自我性的圈子中间建立起来。不过，它们的“要由自为填满的虚空”的特性，通过一种直接和个人的急迫感在未反思的意识中表露出来，这急迫感被体验为急迫感而既没有被加给某一个人，也没有被主题化。正是在把它们体验为意图的活动本身中并通过这活动，在另一章中称之为它们的自我性的东西显示出来。这是些任务，而且这个世界是任务的世界。对这些任务而言，它们指示的“这个”同时是“这些任务的这个”——即由它们规定并指示为能填满它们的独一无二的自在——和完全不应是这些任务的东西，因为“这个”是在同一性的绝对统一中存在。这种孤立的联系，这种动态中的惰性关系，就是我们将称为手段与目的关系的东西。这是一种退化了的、被外在性压迫着的为……的存在(être-pour)，并且它的超越的理想性只能被设想为与自为不得不是的为……存在互相关联的。既然事物同时处在未分化的无限满足之中而又超出它自己之外指向那对它显示出它不得不是什么的要完成的任务，事物就是手段或工具。事物之间的关系既然是在诸种这个的量的关系的基础上显现出来的，那么它就是工具性关系。而且这种工具性不是后于或隶属于上面指出过的那些结构的：在一个意义下，它以它们为前提；在另一个意义下，它们以它为前提。事物

不是首先是事物以便后来是工具;它也不首先是工具以便后来被揭示为事物:它就是事物—工具。尽管如此,说真的,科学家将在今后的探索中发现它纯粹是事物,就是说不具有任何工具性的事物。但是这是因为科学家只关心确立纯粹外在的关系;此外,这种科学探索的结果就是,不具有任何工具性的事物本身消失于绝对外在性之中。于是我们看到,我们应该在什么程度上修改海德格尔的公式:当然,世界在自我性的圈子内显现,但是这圈子是非正题的,对我所是的东西的显示本身不能是正题的。在世界上存在,不是逃离世界走向自身,而是离开世界走向身为将来的世界的世界的彼在。世界向我显示的仅仅是"世界的"。无论如何,既然向工具的无限回归也回不到我所是的自为,工具的整体恰恰就是与我的诸种可能性相关联的东西。而且,由于我是我的可能性,工具在世界中的秩序就是我的可能性的、即我所是的东西被投射在自在中的形象。但是这个世界的形象是我永远识破不了的:我在行动中并通过行动来适应它;为了使我能够成为我自己的一个对象,必须要有反思的分裂生殖。因此,人的实在不是通过非事实性而投身于世界之中的:而是在世的存在,对人的实在来说,就是通过使得有了世界的揭示本身而完全地投身于世界之中的,就是从工具到工具的无休止的推移,甚至不能问"所为之目的",除了反思的颠倒混乱之外没有别的出路。如果向我们提出责难,说由"为什么"组成的链条在"为谁"(Worumwillen)面前停住了,那是毫无用处的。当然,"为谁"把我们推到一个我们还没有阐明的存在结构:为他。而且"为谁"总是在各种工具背后显现的。但是这个为谁,由于它的结构不同于"为什么",就没有使这链条中断。它只是其中的一环，而且，当它在工具性的角度下被考察时，也不可能逃离自在。当然，这套工作服是为工人的。但这为的是使这工人在检修屋顶时不把自己弄脏。而为什么他不应该把自己弄脏呢？为的是不花掉绝大部分收入用来购置衣服。这是因为事实上他得到的是使他能够维持生活的最小的一笔钱；而他“维持生活”恰是为能把工作能力用于检修屋顶。而他为什么应该检修屋顶呢？是为让作账簿工作的职员们所在的办公室里不漏雨。这并不意味着我们总应该把他人当作一种特殊类型的工具，而只是意味着，当我们从世界出发考察他人时，我们并未因此逃避了工具性复合的无限推移。

这样，就自为相关于它向自我的冲动，是作为否认的它自己的欠缺而言，存在于世界这基质中的自为被揭示为用具—事物，而世界作为工具性指示的复合的未分化基质涌现出来。这些推移的总体是不具有意义的。但是正是在这个意义下，甚至没有在这个水平上提出意义问题的可能性。人们为了生活而工作，并且为了工作而生活。“生活—工作”整体的意义的问题：“我这个活着的人为什么工作？如果是为了工作，那又为什么活着呢？”只能在反思的水平上提出，因为这问题意味着自为的一种自身发现。

还有待说明的是，作为与我所是的纯粹的否定相关的东西，工具性为什么能在世界中涌现出来。我为什么不是作为纯粹的这个的这个的不结果而又无定限重复的否定呢？如果我只不过是我不得不是的纯粹虚无，这种否定为什么能揭示出作为我的形象的繁多的任务呢？为了回答这个问题，必须记住，自为并不单纯是进入现在的将来。它也不得不在“曾是”的形式下是它的过去。而且时间三维的出神蕴涵是这样的，自为之所以是通过将来使自己显示了它曾是的东西的意义的一个存在，那是因为在同一个涌现中，它也是在某个它正飞逝的“曾是”的背景中不得不是其将是的存在。在这个意义下，必须永远在另一时间维度中，探索在别处的时间一维的意义；这就是我们曾称为第亚斯波拉的东西；因为第亚斯波拉式的存在不是纯粹给定的所有物：这是在那里，在外面，在自我的统一中使自己受到制约的过程中实现第亚斯波拉的必然性。因此，我所是的、揭示了“这个”的否定，就不得不以“曾是”的方式存在。这种纯粹否定作为简单的在场并不存在，它就作为过去或人为性，在自己背后有其存在。因此，必须承认，它决不是无根基的否定。而是相反，它是被规定的否定，如果人们据此认为它带着它背后的它的规定作为它在“曾是”的方式下应该不是的存在的话，否定作为对过去的非正题否定、以内在规定的方式涌现出来，因为它使自己变成了对这个的正题的否定。而且这涌现产生于双重的“为……存在”的统一之中，因为否定为逃避它所是的过去而以反映一反映者的方式，作为对这一个的否定在存在中产生出来，而且它为从这个中摆脱出来而逃避过去，同时在其存在中向着将来逃离过去。我们就是称这个为自为对世界的观点。这种观点，和人为性一样，是对作为与自在的原始关系的否定的出神规定。但是，另一方面，我们也看到，观点按“曾是”的方式，作为出神地属于世界的东西，就是自为所是的一切。我不是在未来重新发现我的现在，因为将来给了我相关于一个将来的意识的世界：毋宁说是我的存在在过去向我显现，尽管是非正题地，在自在的存在的范围内，即在世界中间脱颖而出地显现。无疑，这个存在仍是对……的意识，即自为；但这是一个凝固在自在中的自为，而后，是没于世界的对世界的意识。实在论、自然主义和唯物主义的意义在过去，这三种哲学把过去描述为就像它曾是现在的那样。因此自为是对世界的双重逃避：它逃避那作为面对它所逃离的世界的在场的它自己的没于世界之中的存在。可能是逃避的自由项。自为不能逃向它所不是的超越者，而只能逃向它所是的超越者。正是这消除了中止这种永恒逃避的可能性：如果可以用一个通俗的，然而将使人更好把握我的思想的形象来说明，人们可以想起那头驴子，它身后拖着小车，企图咬住绑在被固定在车辕上的木棍顶端上的胡萝卜。驴子为咬住胡萝卜所做的一切努力的结果，是使整个套车前进，而胡萝卜则始终和驴子保持相同的距离。这样，我们跟着一种可能追跑，而正是我们的追跑本身使这种可能显现出来，这种可能只不过是我们的跑，而且正是因此而被定义为达不到的。我们跑向我们自身，而因此是不能重聚的存在。在一个意义下，跑是没有意义的，因为终点从没有给出，终点是随着我们跑向它而创造和计划的。而在另一个意义下，我们又不能否认它抛出的这种意义，因为无论如何一切可能都是自为的意义：但是还不如说这逃避是既有又没有意义的。

然而，在从我所是的过去向我所是的将来的这种流逝本身中，将来在给过去它的全部意义的同时，就过去而言提出自己的形象。将来是作为给定的自在向将是其自己的基础的自在超越的过去，就是说因为我应可能是它而存在的存在。我的可能自由地重新抓住我的过去，因为这重新捕抓在奠定过去时能够拯救它。我逃离我曾是的无基础的存在而走向我只能按将是的方式是的奠基活动。这样,可能就是自为使自己所是的欠缺物,就是说现在的否定所欠缺的东西,因为现在的否定是被质定的否定(就是说在自我之外过去之中有其质的否定)。因此,"可能"是被质定的欠缺本身。它不是作为以自在的方式将是其自己的质的给定物,而是作为对将为自为曾是的出神规定奠定基础的重新捕抓住的指示。这样,渴望是三维的;它是对自为曾是的虚空状态的现时逃避。而且正是这种逃避本身把它的虚空和欠缺的特性赋予被给定的状态:在过去,欠缺不可能是欠缺,因为给定物只有在被一个本是其固有的超越性的存在超越走向……时才能"欠缺"。但是这种逃避是向……逃避,而且正是这"向"把逃避本身的意义赋予逃避。因此,逃避本身就是正在发生的欠缺,就是在过去使给定物成为欠缺或潜在性的那一构成,并且它通过在"反映一反映者"形式下使自己欠缺着的自为,即那个作为对欠缺的意识的自为而自由地重新把握给定物。而且欠缺逃向的那个东西,因为在它的作为欠缺的存在中被它欠缺的东西所制约,它就是这样的可能性,即它是成为将不再欠缺的渴望,就是说满足中的渴望。"可能"是对满足的指示,而价值,作为围绕并一部分一部分深入自为的幽灵存在,是对一种渴望的指示,这种渴望同时是给定物——因为它"曾是可能"——和重新把握——因为"反映一反映者"的作用出神地构成了它。人们看到,这涉及一种本身被规定为渴望的充实。在这种充实的胚芽中,过去—现在的出神关系提供了作为它的意义的"渴望"的结构,而我所是的可能应把致密性本身、它的充实体本身作为反思而提供出来。这样,我的面对把它规定为这个的存在的在场就是对此一这个的否定,因为我也是在此一这个之外被质定的欠缺。而且就我的可能是一种面对超乎存在之外的存在的可能的在场而言，对我的可能的规定把超乎存在之外的存在揭示为这样一种存在，与这种存在共同在场是与一个将来的满足密切相关的共同在场。这样，不在场者在世界上被揭示为要实现的存在，因为这个存在是与我欠缺的那个可能的存在互相关联着的。这杯水显现为被喝之前的样子，也就是与一种被非正题地把握的渴望互相关联的，而且在其存在中甚至显现为被充满以前的样子。但是这些描述，由于全都包含着与世界的将来的关系，如果我们现在指出世界的时间或宇宙的时间如何在原始否定的基础上向意识揭示出来，那就会更清楚了。

选自《存在与虚无》中译本（修订版），232－271页。

Ⅵ. 萨特《存在与虚无》第三卷第一章第三节，三：胡塞尔，黑格尔，海德格尔

十九和二十世纪的哲学似乎已懂得，如果首先以两个分离的实体的角度去看待我本身和他人，唯我论就是不可避免的：这些实体的完全统一事实上应被认为是不可能的。所以我们在考察近代理论时看出一种在各种意识内部来把握与他人的基本的和超越的联系的努力，这种联系是任何意识在其自身的涌现之中的构成成分。但是即使人们看起来放弃了内在否定的公设，却还是保留了它的本质结论，就是说肯定我与他人的基本联系是通过*认识*实现的。

事实上，当胡塞尔在《笛卡尔的沉思》和《形式的和超越的逻辑》中致力于驳斥唯我论时，他以为只要指出，求助他人是构成世界的必不可少的条件，就达到目的了。若不深入这个学说的细节，我们就只好限于指出他的主要结论。在胡塞尔看来，世界就像它对意识所表现出来的那样，是单子间的世界。他人不仅作为那种具体的和经验的显现，而且作为统一体和丰富性的恒常条件面对这世界在场。如果我独自或和别人一起看着这张桌子、这棵树或这面墙，他人就总是作为属于我看着的对象本身的一层构成意义而在那里。简言之，是作为他的客观性的真正保证而在那里。而且我们的心理一物理的我与世界同时存在，构成世界的一部分并和世界一起归属于现象学还原法之下，他人对构成这个我本身就

显得是必须的。如果我应该怀疑我的朋友皮埃尔的或一般的他人的存在,因为这个存在原则上是超出我的经验的,我就必须也怀疑我的具体存在,我当教师的经验实在性,我有这样那样的爱好、习惯和个性。我的我并没有优先权:我的经验自我和他人的经验自我同时出现在世界上:而且一般意义下的"他人"对构成这些"自我"中的任何一个都是必要的。这样,每个对象都如同康德认为的那样,远不是由对主体的单纯关系构成的,而在我的具体经验中显现为多价的,它一开始就表现为拥有一些对无定限多样的意识的参考系;他人正是在桌子上、在墙上向我展现为被考察的对象永远参照的东西,正像皮埃尔或保尔具体显现时一样。

当然,这些看法对古典学说来说实现了一种进步。无可否认,事物—工具把它的外表反映给各种意识。我们下面还要谈这个问题。可以肯定,"他人"的意义也不能来自经验或来自因经验而起作用的类比推理。正好相反,恰恰是借助他人这概念,经验才被说明。这是不是说他人这概念是先验的呢?我们随后会试着来规定它。但是,尽管胡塞尔的理论有这些无可置疑的优越之处,在我们看来却与康德的理论没有显著的不同。因为,事实上,尽管我的经验自我并不比他人的自我更可靠,胡塞尔还是保留了这个超越的主体,它根本不同于他人的自我,并且很像康德的主体。然而,必须指出,这不是经验自我间的平行论——这一点是无人怀疑的,而是超越的主体间的平行论。因为,事实上,他人决非在我的经验中碰到的经验的个人,而是这个人物根本上归向的那个超越的主体。这样,真正的问题就是,超乎经验之外的超越的主体的联系问题。如果回答说,一开始,超越的主体就是归向别的主体来构成"作为

对象的意识”之总体的，也就很容易回答说，它之归向别的主体就是归向一些意义。在这里，他人是作为能构成世界的增补的范畴、而不是作为这世界之外一个实在存在的存在而存在的。而且也许，他人这“范畴”在其意义本身中包含着从世界的另一面对一个主体的归结，但是这种归结只能是假设的，它唯一的价值是统一概念的内容；它的价值在世界中并通过世界表现出来，它的权力限于世界，并且他人从根本上讲是在世界之外的。此外，胡塞尔消除了理解他人之超世界存在的可能意义这种可能性本身，因为他把存在定义为对所实行的活动的无限系列的素朴象征。不可能以认识去进一步衡量存在。然而，甚至承认了一般认识是衡量存在的，他人的存在在其实在中也是被他人从他自身获得的认识来衡量的，而不是被我从他那里获得的认识来衡量的。我要达到的是他人，这不是因为我获得对他的认识，而是因为他获得自我认识，这是不可能的：这将事实上假设我本身和他人的内在同一。因此我们在这里重新发现他人和我之间的那种原则区别，不是由于我们身体的外在性，而只是由于我们每一个都是内在地存在，并且一种内在有效的认识只能在内在性中进行，这就原则上禁止了把他人像他自己认识的那样地认识，就是说，像他是的那样认识。此外，胡塞尔这样理解是因为，他把对我们的具体经验展现的“他人”定义为一个不在场者。但是至少在胡塞尔哲学中，如何有对不在场者的完全直观呢？他人是虚空意向的对象，他人原则上是被拒斥和逃逝着的：保持着的唯一实在因此就是我的意向性的实在：他人，就他具体地出现于我的经验中而言，是相当于我对他人的追求的虚空的“作为对象的意识”；就他作为一个超越的概念出现而言，是统一及构成我的经验的活动的总体。胡塞尔回答唯我论者说，他人的存在像世界的存在一样可靠——通过将我的心理存在包括在世界中；但是唯我论者没有说别的事物：他会说，但别的事物也是同样可靠的。他补充说，世界的存在是以我对它获得的认识来衡量的；对于他人的存在不能是另一个样。

过去，我曾相信能通过否认胡塞尔的超越的“自我”的存在来逃避唯我论。[①] 我那时觉得，在我的意识中不会再保留有什么比他人更优越的东西，因为我从他的主体中排除了我的意识。但是，事实上，尽管我一直坚信超越的主体的假说是无用而有害的，抛弃它仍没有使他人存在的问题前进一步。即使在经验的自我之外没有别的，只有对这个自我的意识，就是说一个无主体的超越的领域，我对他人的肯定仍然需要并要求世界之外一个类似的超越的领域的存在；然后，逃避唯我论的唯一方式在这里还是证明我的超越的意识，在其存在本身中，是被别的同类意识的超世界存在影响的。这样，由于已把存在还原为一系列意义，胡塞尔能在我的存在和他人的存在之间建立的唯一联系，就是认识的联系；因此他像康德一样不能逃避唯我论。

选自《存在与虚无》

① 《自我的超越性》中《哲学研究》，1937。——原注

图书在版编目(CIP)数据

自我的超越性:一种现象学描述初探/(法)让-保尔·萨特著;杜小真译. —北京:商务印书馆,2017
(汉译世界学术名著丛书:120年纪念版:珍藏本)
ISBN 978-7-100-14642-5

Ⅰ. ①自… Ⅱ. ①让… ②杜… Ⅲ. ①现象学—研究 Ⅳ. ①B089 ②B565.53

中国版本图书馆CIP数据核字(2017)第152237号

汉译世界学术名著丛书
(120年纪念版·珍藏本)
自我的超越性
——一种现象学描述初探
〔法〕让-保尔·萨特 著
杜小真 译

商 务 印 书 馆 出 版
(北京王府井大街36号 邮政编码100710)
商 务 印 书 馆 发 行
北京市松源印刷有限公司印刷
ISBN 978-7-100-14642-5

2017年12月第1版 开本710×1000 1/16
2017年12月北京第1次印刷 印张9¾
定价:50.00元